思考・行動・結果が劇的に変わる

営業力の基本

Kikuhara Tomoaki

菊原 智明

SOGO HOREI PUBLISHING CO., LTD

はじめに

グレートゲーム・オブ・セールス
～営業というゲームの攻略本を手にしたあなたは本当に幸運である～

ロールプレイングゲーム（ＲＰＧ）をする際、攻略本があるとゲームをスムーズに進められます。

何と言っても宝の場所や効率よく経験値を積むヒントが書かれているのですから。あなたにも〝攻略本を見て楽にゲームをクリアした〟経験があるかもしれません。

そうではなく〝攻略本を見るなんて、そんな邪道なことはしたくない〟と言って、やせ我慢をしながらゲームを続けたかもしれません。近道をせずに、何倍も時間と労力をかけた分、クリアしたときの喜びは、攻略本を見てクリアした人よりも大きいということもあります。ゲームの楽しみ方は人それぞれ。どんなクリアの方法もアリです。

では、営業・セールスの世界はどうでしょうか？

「私は苦しいほうが燃える」というマゾ的な人は、痛い目に遭いながら体で覚えるといった体育会系スタイルを好むかもしれません。ごく少数だと思いますが……。

そういったマイノリティな人は別として、大半の人は**「苦労はできる限り減らし、ショートカットして成功したい」**と思うものです。

〝営業〟はツラい仕事なのか?

ハウスメーカーに勤めていた私は、7年間ずっと成績を上げられない営業スタッフでした。しかし、〝営業レター〟を通じて多くのお客様とつながりを持つことができ、トップクラスの営業成績を残すことができました。そのときの経験をもとに発見した、営業で使える〝ショートカット〟を紹介したいと思います。

そういう意味で、この本は〝営業〟というゲームの〝攻略本〟と言えるでしょう。それを手にしたあなたは本当に幸運です。

今も昔も「営業・セールスの仕事は辛い」といった印象があります。

私が営業をやっていた時代もそうでした。令和になった今も何ら変わりがありません。

若い方は特に営業へ苦手意識を持っています。

私は大学で100名以上の学生に〝営業の授業〟をしています。毎週出す課題の提出をもって出席代わりにしているのですが、毎年〝営業についてどういう印象を持っているか？〟というテーマの小論文を課題として出しています。

これは、今の学生が営業についてどう思っているかを把握したいからであり、学生のためというよりも、私にとってリサーチの意味合いが強いものです。

10年以上同じ課題を出してわかったことは、ほぼ2割が営業に対してポジティブな意見を持ち、8割がネガティブといった割合になるということです。

〝意見〟の一部内訳は次のようになります。


【ポジティブな意見】

- 事務職より稼げそう
- 自分の実力で結果を出せる
- 時間を自由に使える
- 人とコミュニケーションが取れる

【ネガティブな意見】

- ノルマがきつそう
- お客様の言いなりになるのがイヤ
- 休みの日でも呼ばれたら行かなくてはならない
- お客様に頭を下げなくてはならない

営業にポジティブなイメージを持っている学生も散見しますが、大半はネガティブです。これは学生だけに限りません。実際に営業職に就いている人でもポジティブには捉えていないのです。

営業研修で実際の営業スタッフに営業のイメージをヒアリングすると、次のような意見が出てきます。

- 自尊心が傷つくのがイヤ
- アポなし訪問、テレアポが辛い
- 詐欺みたいな「だます売り方」をしたくない
- クレーム対応が怖い

・冷たい言葉を浴びせられて精神的にもたない
・とにかく我慢しないと売れない

どれも、もっともな意見です。

私自身も売れない営業スタッフを7年間やってきましたから、彼らの気持ちはよくわかります。過去の私も含め、多くの営業スタッフは「営業はツラいもの」「我慢しないと成績が上がらない」と考えています。

しかし、これは真実なのでしょうか？

〝攻略法〟を身につけて快適な営業を

〝ツラい〟と思いながら営業活動をしていれば〝苦しい毎日が続き、契約を取れた一瞬だけ楽になる〟といったストレスまみれになってしまいます。これは地獄でしかありません。

その一方、お客様から感謝されながらどんどん成績を上げ、人の何倍も給料を稼ぐ人が存在しているのも事実です。彼らは輝いており、何より毎日が楽しそうです。

毎日苦しみながら営業活動をしている人もいれば、**感謝されながら楽しく稼ぐ人もいま**

す。なぜ、こんな不公平が起こるのでしょうか？

その答えはズバリ〝営業・セールスの攻略法〟を知っているか、知らないかの差です。

RPGで、どんなに頑張っても倒せない敵が現れて困っているとき〝この剣を使えばダメージを与えられる〟と知った途端、すんなりとその先のステージに進めたりします。

営業・セールスも同じです。

攻略法さえ知ってしまえば、驚くほどあっさりと結果が出てしまうものなのです。

これは、私が自分自身の経験として強く主張したいと思います。

20代の私は、営業として結果を出せず大変苦労しました。

そんな私が、ノウハウやツールによって一つひとつ営業の〝経験値〟を積み重ねることで、レベルが上がっていきます。すると暗闇に光が差すように、見える世界が変わって見えてきます。

レベルアップするたびに〝営業という仕事は、嫌な仕事なのではなく、ただ自分のやり方が間違っていたんだな〟と気づいたのです。

徐々にレベルアップした私は7年間のダメ営業スタッフから抜け出し、4年連続トップ営業スタッフになりました。

その後、コンサルタントとして独立し、一流企業の研修を担当したり、大学で〝営業〟

の授業を担当したりしています。営業関係の本も70冊ほど出す機会も頂きました。

何も自慢がしたくてこんな話をしているわけではありません。

あなたも一つひとつ正しい知識を学び、レベルアップすることで、結果が出せるようになるということを伝えたいのです。

すべての失敗は〝経験値〟となる！

私の授業を受ける学生も、初めこそ「営業はツラいし、できればやりたくない」と思っています。しかし、営業の知識をひとつずつ学ぶことで気持ちに変化が現れてきます。

全15回の授業で、3～4回目くらいから「営業っておもしろそうだ」と印象を変える学生が増えてきます。教壇に立ち、それを実感するのが私の喜びのひとつになっています。

では、具体的にどのように営業のレベルアップをしていくのでしょうか？　ほんの一部をご紹介します。

- 訪問営業をする　↓　【第1章】文字で伝て売る
- 服装にこだわらない　↓　【第2章】見た目で得するポイントを押さえる

・売り込みトーク　↓　【第3章】3秒で違いを示すトークで優位に話を進める
・買ってもらえるように頼み込む　↓　【第4章】お客様に語らせる技術に自ら「買います」と言わせる

RPGで新しい武器を手にしてレベルアップしていくように、新しい営業スキルを手にしてバージョンアップしていくのです。戦える武器を増やすことで、どんどん結果が出るようになります。何だか楽しい冒険になりそうだと思いませんか？

営業の〝武器〟を使って成長しよう

また、この本は楽しみながら読み進めて頂けるようレベルを1～7段階に分けています。

第1章　デキる営業の武器①　基本習慣……レベル1
第2章　デキる営業の武器②　アポイント・アプローチ・見た目のマナー……レベル2
第3章　デキる営業の武器③　トーク・商談と話し方……レベル3
第4章　デキる営業の武器④　クロージング・アフターフォロー……レベル4

項目にすると全部で１００と、たくさんの武器を用意しました。それぞれの項目に「★」の数でＰＯＩＮＴも付けました。

もちろん、それをすべて学ぶ必要はありません。１００項目のうち「今一番これが気になる」というものをいくつかチョイスして実行するだけで十分効果を感じるはずです。

ただし、冒険には障害や失敗がつきものです。その失敗の経験から学んでは実行し、そしてまた学ぶといった繰り返しです。

こうして成長を続けていくのです。

例えば、営業活動で失敗しお客様から断られたとします。

落ち込む必要はありません。

そんなときは、ゲーム感覚で「レベル２では難しいかぁ～、一段階上げてみるか」とレベルアップし、また営業フィールドに飛び出していけばいいのです。

本書を手にしたあなたは、**営業での失敗が単なる失敗ではなく〝成功のための経験値〟**と捉えることができるようになります。
それが、この〝冒険の書〟があなたに伝える最初のメッセージです。

さあ、冒険の始まりです。
無限の可能性の営業フィールドで思いっきり楽しんでください。
楽しみながら結果を出したい方のみ本書でお待ちしております。

第1章　デキる営業の武器①　基本習慣

第2章 デキる営業の武器② アポイント・アプローチ・見た目のマナー

第3章　デキる営業の武器③　トーク・商談と話し方

第4章　デキる営業の武器④　クロージング・アフターフォロー

第5章 デキる営業の武器⑤ 営業ツール・スキルアップ方法

第7章 デキる営業の武器⑦ リモート営業

ブックデザイン　木村　勉
本文デザイン・DTP　横内俊彦
校正　矢島規男

第1章

デキる営業の武器①

基本習慣

001

営業は〝エネルギー交換〟もらった分はちゃんと返す

POINT
難易度 ★☆☆☆☆
実用性 ★★☆☆☆
即効性 ★★☆☆☆

営業活動と聞いて何をイメージするでしょうか？　一般的には「自社の商品やサービスをお客様に売り込み買ってもらう行為」といったところです。

会社が生き残っていくためには利益が必要です。これは間違いありません。利益は必要ですが、これが行き過ぎてしまったらどうでしょうか？〝売らんかな〟のスタイルで、何がなんでも商品を買わせたり、売りさえすればよいという考え方でお客様に接すれば、お客様は必ずあなたから離れていきます。

ツイッター、フェイスブック、そしてインスタグラムなどSNSが私たちの生活に浸透している社会では、ネガティブな情報はあっという間に拡散してしまいます。「この会社は絶対にやめたほうがいい」と書き込まれることになれば大きなダメージを受けることになります。

だからといって「仏のような心になってお客様にすべてを捧げて行動する」といった考

え も行きすぎです。時々、営業スタッフで「とにかくお客様のために奉仕します」と前のめりで話をする人がいます。〝見返りを求めず人に尽くす〟といった行動です。

お客様が10で営業スタッフが0というのは、ビジネスとして何ともバランスが悪いものです。何より利益が上がりません。こういう考えの営業は長く続かないでしょう。

では、どう考えればいいのでしょう。**それはバランスです**。

営業スタッフとお客様との関係は一方的な奉仕ではなく、**お互いの〝エネルギー交換〟**だと考えると良いのです。

エネルギー交換の例を、ペットの例で説明します。

飼い主は住む場所やエサを与えペットを可愛がります。ペットは飼い主に喜びを表現します。その様子を見て、飼い主に元気が生まれる。飼い主と犬の間に、「元気」と「喜び」を交換する関係が生まれます。

お客様に役立つ行為をすれば、お客様は喜んでくれます。営業スタッフは、喜んだ姿を見て嬉しくなり、ますますお客様のために行動します。**その交換の過程で、商品が介在して利益が生まれるのです**。

お客様と営業スタッフの関係は一方通行ではなく、お客様とのエネルギー交換をイメージしてみてください。そのように考えると、営業活動はうまく行くようになります。

002

知らない世界の扉を叩いてコミュトレで営業力を上げる

POINT

難易度 ★★★☆☆
実用性 ★★★☆☆
即効性 ★☆☆☆☆

〝コミュニケーション能力が凄い〟と感じる人が、あなたの身近にいるでしょう。私の場合、著者仲間のAさんがそういう方です。Aさんは初対面の人であっても、あたかも昔からの知り合いであるかのように、フレンドリーに人に近寄ることができます。私も彼に魅了された1人です。

初対面でいきなり距離を詰められると、身構えたりするものですが、Aさんの場合は詰め方がうまいので、誰も不快になりません。あっという間に仲良くなるのです。

こういう能力は生まれ持ったものがあります。しかし、Aさんに聞いてみると〝努力の賜物〟だとおっしゃいます。〝コミュニケーション能力を高めるトレーニング〟を常に欠かさないようにしたから、巧みになったと教えてくれました。Aさんは日常的に次のようなことを意識し、トレーニングとしていました。

・初めて行く会合などには１人で参加する
・すでに出来上がっているグループに入っていく
・苦手ジャンルの人たちとも交流する

とにかく、自分の知らない世界に物怖じせずにどんどん飛び込んでいくのです。Ａさんはもともと引っ込み思案で、新しいことには「う〜ん、なかなか難しそうだ」としり込みをしてしまうことが多くありました。しかし、**新しい世界に入っていくトレーニングを繰り返し、〝高いコミュニケーション能力〟を身につけました。**

初対面の人と話すとき、Ａさんは最初のいくつかの会話で相手の全体像を把握します。〝どれぐらいの知識があるのか？〟〝どういう性格か？〟〝グループ内の立ち位置は？〟といったようなことを把握します。そして、相手が嫌がらないところまで入っていきます。

コミュニケーション能力を高めるため〝コミュトレ〟を積極的にやるようにしましょう。できることからでいいのです。例えば、〝知らないお店に入ってみる〟〝別部署の人に挨拶する〟といった簡単なことから始めてください。それが基盤となり、徐々に営業力が上がっていきます。

003

営業として成長するには文章のトレーニングを！

POINT
難易度 ★☆☆☆☆
実用性 ★★★☆☆
即効性 ★★★☆☆

営業活動とは実際にお客様と会ったり、リモートで面と向かって商談をするだけではありません。むしろ、**今は文章でコミュニケーションを取るほうが圧倒的に多くなっています**。

あなたも電話よりSNSでメッセージのやり取りを多くしていることでしょう。中には「コミュニケーションの9割以上が文章」なんていう人もいます。ということは、今はトークより**ライティングスキルを磨いたほうが、より結果は出る**ということになります。

それなのに多くの営業スタッフは、文章をほぼ活用していないのが実情です。

企業の研修に呼ばれたとき、文章で何かを伝える大切さを説明しても、聴講している方から「気持ちを文章で伝える大切さはわかっているのですが、時間がなくて……」という反応です。

確かに、営業活動は忙しいものです。お客様を探す、お客様と商談するといった営業活動だけでなく、ミーティングや会議などにも時間を取られます。とはいえ、メールや手紙でお礼を伝えるだけの短いメッセージだけなら、１〜２分で終わります。時間の問題ではなくて、文章を考えて送る〝ひと手間〟が煩わしいようです。

私の実感ですが、お客様とお会いした後、お礼状やお礼メールを出している営業スタッフは全体の10パーセントもいません。こういったことをマメにやっていそうな生命保険業界でも、わずか８パーセントとのことです。

このように、お客様に文章でメッセージを送るというのは、ビジネスパーソンができそうでできていないもののひとつです。９割以上の営業スタッフは日々の作業に忙殺され、お礼のメール・手紙を出すことまで手が回らないのです。

つまり、**メール・手紙を出すことがチャンスにつながる**ということです。やり続けると、「文章でやり取りをしたほうが圧倒的に効率がいい」ということに気がつくでしょう。

特に売れ続けているトップ営業スタッフは、そのことをよく知っています。常にカバンにはお礼状を入れていますし、時間が空けばスマホでお客様にメッセージを送ります。

まずは、短い文章で送る習慣を身につけてください。ハガキ、手紙、メール、ＳＮＳなど、どんな方法でも構いません。続けていくうちに文章力は向上し、時間も短縮できます。

これからは、**トークより文章を磨くことを意識**しましょう。

004 アナログとデジタルは2つの特性を知って活用する

POINT
難易度 ★★☆☆☆
実用性 ★★★★☆
即効性 ★★★☆☆

ダメ営業スタッフ時代の私は、上司に言われるがままに無駄な訪問営業を繰り返していました。2時間以上かけて移動して、話したのはテレビドアフォン越しに1分だけということもよくあります。アポなし訪問ばかりですから留守も多く、名刺をポストに挟んで帰社。〝営業スタッフなら誰もが耳にする〝営業あるある〟でしょう。今、思い返しても、とてつもなく非効率な営業活動をしていたものです。

では、便利なビジネスツールを使いこなして成果が上がるでしょうか。確かに、不特定多数に送るのでしたら、同じ文面でも問題はありません。ひとつの文面で、極めて多くのお客様にアプローチすることができます。メールやSNSは一番手っ取り早く、ローコストなのは間違いありません。メッセージを送って、数分で返事が返ってくることもあります。これが、デジタルツールのメリットです。

ただ、デジタルツールのデメリットは〝情報が飽和状態だ〟ということです。

例えば、あなたのパソコンのメールボックスは、1日に何十件とメールが届くはずです。SNSやアプリからの通知など、合計すれば1日に100件くらいは当たり前でしょう。メールや通知があふれかえっている中、「こんなお得な情報がありますので読んでください」と送っても、無視されるだけです。

その点、ハガキやお礼状など郵便でメッセージを送ったらどうでしょう。最近はお客様と会っても返事をメールですませたり、そもそも送らなかったりする営業スタッフも少なくありません。つまり、ライバルが少ないのです。

ハガキがポストに届いていたら、まったく読まずに捨てる人はあまりいないでしょう。ナナメ読みだとしても、「誰からだろう？　何が書いてあるのだろう？」と手には取るはずです。そこがメールとハガキの違いです。メールならばワンクリックでゴミ箱行きですが、ハガキなら少なくともざっとは読んでくれる。トップ営業はそこをわかっていて、何か機会があればすぐにハガキを武器として使っているのです。

デジタルツールもアナログツールも使いようです。双方のいい面を活用して結果を出しましょう。

005

ノルマを達成するには期限を決め1日の行動を細かく規定していく

POINT

難易度 ★★★☆☆
実用性 ★★★★☆
即効性 ★★★★☆

営業には〝ノルマ〟がつきものです。

ノルマとは、会社から強制的に割り当てた売り上げの期限のある達成目標のことで、「今月のノルマは達成できそうもない」とネガティブな会話の中で使われることも多くあります。営業職には、あまり聞きたくない言葉のひとつかもしれませんね。

デキる営業スタッフは、毎月のノルマをきちんと達成します。できる人とそうでない人は何が違うのでしょうか？　その違いはズバリ、**しっかりと期限を決め、具体的な行動目標として落とし込めているか――**。それに尽きます。わかりやすく、ダイエットの例で説明しましょう。A案とB案ではどちらが実現可能だと思うでしょうか？

- A案：今の体重を少し落として体を軽くする
- B案：今の体重を30日後に5キロ落とす

もちろん成功するのはB案です。A案には具体的なキロ数（＝ノルマ）もありませんし、期限もありません。やる気も出ないでしょう。気づいたときには「特に増えてないからこのままでいいか」となります。

一方、B案には明確な数字目標があります。「30日後に5キロということは、1日150～200グラムのペースで落としていけば達成できるぞ」と1日にやることを決めることができます。「昨夜は食べすぎたので、朝はサラダだけにしよう」とカロリーを制限するようになります。ノルマはこのようにして達成していくのです。

具体的な数字目標と期限がモチベーションをアップさせることを、トップ営業スタッフはよく知っています。自己啓発の本に「夢や目標に期限を入れるといい」と書かれていますが、**営業の目標も期限を決めることで具体的な行動として落とし込みやすくなります。**

「20日後までに契約を取る」→「契約を取るために1週間で50件のアプローチが必要」→「1日10件、メールと電話をする」と具体化していくのです。

「目標達成のために今日は○○をする」と明確になったとき、あなたの契約達成率は格段にアップするはずです。

006

アポの時間にも細心の注意を気が利くと思われる思いやり

POINT
難易度 ★☆☆☆☆
実用性 ★★★☆☆
即効性 ★★★☆☆

ハウスメーカーの営業スタッフ時代のことです。

ある若いご夫婦と継続的に商談することになりました。その日はその第1回目で、アポイントは13時からです。会社に来てもらう予定だったのですが、時間を過ぎてもお客様は姿を見せません。予定時間を15分過ぎたところで、私はお客様に電話をすると「すみません。ちょっと遅れておりまして、もう10分くらいで着きます」とのことでした。

10分後、お客様はアポイントの時間に遅れたことを謝罪しながらも「13時はキツイので、次回から30分後ろにずらしてもらえますか」と申し出たのです。

それを言われてハッとしました。

13時にこちらへ来てもらうということは、お客様は12時30分までにお昼を済まさなくてはなりません。小さい子どもがいる家族はもちろん、夫婦2人でもルーティンの生活リズムを崩して、私のスケジュールに合わせなければなりません。30分とはいえ時間的に余裕がないことに、私はそのときに気づきました。

「気遣いができない時間を指定してしまったな」と反省したのです。

トップ営業スタッフは、**時間への気くばり**もやはりきちんとできています。

お客様の行動を先読みし「お昼をゆっくり食べて頂き、13時45分からいかがでしょうか？」と指定します。このように言われると「あぁ、気遣いができる人なんだなぁ」と感じます。

そのためにも、**お客様の生活パターンをヒアリングしておく**必要があります。

雑談の中で「いつもは何時くらいにお昼を召し上がりますか？」とか「いつもどんなランチを召し上がるのですか？」といった話を聞いておくと、後々役立ちます。

アポイントの時間の取り方だけの差ですが、印象はまったく違ってきます。こういった**小さな気遣いが、大きな差となって現れてくるのです**。

007
デキる営業が大切にするのは心に余裕のあるアプローチ

POINT
難易度 ★★★☆☆
実用性 ★★★☆☆
即効性 ★★★☆☆

あなたは夏休みの宿題を〝早めにする派〟ですか？　それとも〝ギリギリになってやる派〟ですか？

私は両派をやったことがありますが、早めにやってしまえば気分よく宿題を終えることができます。お盆を過ぎて夏休みも残り10日……となったころから始めると地獄です。同じ内容でも、ストレスまみれで宿題をする感じになります。

これは、営業活動でも言えます。

1カ月のスパンで毎月末に締め日が来るとしましょう。**トップ営業スタッフは月初に頑張って結果を出し、ダメ営業スタッフは月末に頑張ろうとします**。

月初と月末の一番大きな違いはメンタルです。

1日から15日くらいではまだ気持ちに余裕があり、何ごとも前向きに考えられます。多少営業がうまくいかなくても「今月はまだまだ時間があるし、頑張って契約目標を達成するぞ」とプラス思考になるものです。時間に余裕があれば「こちらのオプションは高いだけなのでやめたほうがいいですよ」とお客様視点の営業活動もできます。

注意しなければならないのは「まだ日があるから大丈夫だろう」と油断して、成約に向けて行動しなくなってしまうことです。焦る必要はありませんが、油断は〝大敵〟です。

では、無駄に時間を過ごした場合はどうでしょう。

月の後半になると「そろそろ結果を出さないとマズいぞ」と焦りが顔を覗《のぞ》かせます。こうなると接客、アプローチ、商談、クロージングというプロセスをないがしろにしてしまいます。残り3日となり、お客様に「ここは私を助けると思って何とかこの条件でお願いします！」と強引に進めてしまいます。まさに、ダメ営業スタッフの見本です。

お客様は強引に行けば行くほど逃げていきます。精神的に追い込まれた状態では、お客様に対していい仕事はできません。そういうときに限って、強引さが原因でお客様から嫌われてしまい、契約は取れなくなったりするものです。

トップ営業スタッフは、必ず**精神的に余裕がある月初めに行動**しています。

月初めにスタートダッシュをかけて、気持ち良く営業活動をしましょう。

008

30分早く出社でひと仕事
その日の仕事に勢いをつける

POINT
難易度 ★★★☆☆
実用性 ★★★★☆
即効性 ★★★★★

〝朝からバリバリ仕事をしたほうがいい〟

言われれば当たり前ですが、なかなかできないものです。ダメ営業スタッフ時代の私は、会社に行くのが嫌でたまりませんでした。ギリギリの時間までベッドから出ず、準備をしないと間に合わない時間になって飛び起きて、バタバタと用意をして会社へ向かっていました。

会社に向かっているときも憂鬱《ゆううつ》です。こんな気持ちではモチベーションも上がりません。「あぁ、今日も仕事が始まっちゃったなぁ……」と気分が乗らないまま、その日を過ごしていました。これでは仕事がつまらないですし、業績も上がるわけがありません。

その後、私はダメ営業スタッフからトップ営業スタッフになります。営業のトップということは、契約数が増えるわけですから、仕事量も格段に増えます。

「これは朝早く行かないと追いつかないな」と思い、30分早く出社するようになりました。誰もいない会社は静かで落ち着きます。電話が鳴るわけでもないし、誰かに邪魔されることもないので仕事がはかどります。いつもより何倍も効率よく仕事ができたのです。

そのときに気がついたのは、**〝始業前にひと仕事すること自体が気持ち良い〟**ということです。仲間が出社する前にひと仕事を終えると、何とも言えない優越感を味わえます。**ものすごくモチベーションが上がる**のです。

トップ営業スタッフは総じて朝早く出社します。仕事が間に合わないということもありますが、本当の理由は朝ひと仕事する気持ちよさを知っているからなのです。

これは、テレワークでも言えます。

家でダラダラと仕事をスタートしたら、その日の仕事のクオリティは間違いなく下がります。そうではなく、朝一番で何か仕事を終わらせてください。どんなに小さな仕事でも構いません。

それが呼び水となって、どんどん仕事がはかどるようになります。

一度だまされたと思って、朝一で何か簡単な仕事をやってみてください。

その日がいい日になることをお約束します。

009

午前中は頭、午後は足を使うメリハリをつけて業績アップ

POINT
難易度 ★★★★☆
実用性 ★★★★★
即効性 ★★★★☆

コロナウイルスの影響でテレワークが一気に増えました。事務職の方はもちろんのこと、営業職でも自宅でリモート営業を積極的に行っている会社が増えたのです。

リモートで仕事をするメリットは、通勤時間がなくなることです。人によっては「往復3時間も時間がセーブできる」という場合もあります。ただし、通勤時間がなくなったからと言って、必ずしも仕事が効率よくできるようになるわけではありません。〝テレワークでは仕事がはかどらない〟と言う人も少なくないのです。仕事がはかどらない原因は何でしょうか？　私は午前中の時間の使い方に問題があると思っています。

ダメ営業スタッフだったときの私は、とても効率の悪い働き方をしていました。

出社しても「朝は頭が働かないから、ゆっくり過ごそう」としばらくは仕事をスタートしません。上司がいなければ、仲間とおしゃべりをしたり、ネットを見たりしていました。

２時間の〝ウォーミングアップ〟をして仕事に取り掛かったら、もう11時過ぎです。11時30分になれば「今日のランチはどうしようか」と仕事のことは頭から抜けてしまいます。「午前中はほぼ仕事をせずに終わってしまった……」。なんていう日もあったのです。

さらには、お昼を食べれば胃に血液が集まり、眠気に襲われます。これではやることがすべて後ろ倒しになり、仕事が遅れるのも当然です。結局、たいした仕事もないのに、夜遅くまで残業するハメになっていました。

トップ営業スタッフになった私は、仕事を効率よくこなすため、早く出社して仕事に取り掛かるようになりました。朝一番で仕事に取り掛かると、当然仕事は早く終わります。すると、１日の仕事にリズムが生まれていきました。そのときに感じたのは、**午前中は頭を使う仕事がはかどる**ということです。

お昼は気分転換を兼ねて、ゆっくりと食べます。**午後の仕事への意欲も湧く**ものです。そして、午後は体を使って現場を回ります。午前中で手間のかかる仕事は終わっているので、帰社の時間を気にすることなく回れます。非常に気分よく仕事ができました。今まで時間がなかったというのは、私の勘違いだったのです。

午前は頭を使い、午後は体を使う――。そういうふうに割り振れば、仕事にメリハリがついて、楽しく、そして有意義に仕事を進められます。

010

仕事前にスケジュールを確認 毎日、新規開拓の時間を確保

POINT

難易度 ★★★☆☆
実用性 ★★☆☆☆
即効性 ★★☆☆☆

1日を効率よく行動する秘訣は、**1日の始まりにその日のスケジュールを組む**ことです。お客様のアポイントや資料作成、会議や勉強会などもあるでしょう。ここで1週間のスケジュールを確認してください。

そこに〝新規のお客様に使っている時間〟がどれほどあるでしょうか？　スケジュールをチェックして「あれ、ほとんどないな」と思った方はすぐに改善する必要があります。

私が、営業として結果を出せずに苦しんでいた時代のことです。ある日のスケジュールはこのような感じです。

- 9〜10時：お客様の提案書作成
- 10〜11時30分：見積書作成
- 13〜15時：現場回り

・16～17時30分：販売会議
・18時～：○○様（契約客）打ち合わせ

「今日はフルスケジュールだ。頑張るぞ」と満足しながら、仕事に取り組んでいました。

このスケジュールは何の問題もないように見えますが、実は重大な落とし穴があります。

それは、**新規開拓や見込み客へのアプローチの時間がゼロ**ということです。

目の前の仕事も大切ですが、視線を先に向けた新規開拓や見込みのお客様へのアプローチを組み込まなければ、数カ月後の売り上げは伸びていきません。

デキる営業スタッフは必ず見込み客開拓の時間を1日のスケジュールの中に組み込みます。訪問が得意なら新規のお客様への訪問時間を確保しますし、電話が得意ならテレアポをする時間を確保します。私はどちらも苦手だったため、お客様に役立つ情報をメールや郵便で送る時間を確保していました。今でいうリモート営業です。

苦戦している営業スタッフは、まず間違いなく新規の見込み客へのアプローチ時間が不足しています。これでは**仕事をしている気分は味わえますが、結果は出ない**のです。理想は2～3時間ですが、どんなに忙しくても30分は確保してください。

011

15分前には準備を完了する時間的余裕が成功を生み出す

POINT

難易度 ★☆☆☆☆
実用性 ★★★☆☆
即効性 ★★★☆☆

そのとき私は、アポイントのお客様のところへ向かおうとしていました。ところが、出かける前に急用が入り、出るのが遅くなってしまったのです。さらに、渋滞にはまってしまい、イライラはピークに達します。

何とか間に合ったものの、お客様のところに着いたときは息も上がり、しばらくは商談どころではありません。案の定、商談は失敗に終わりました。滅多に遅刻はしない私ですが、これほど心臓に悪いことはないと痛感したのです。

先日、リモートでも同じようなことを経験しました。

14時からリモートでの研修があったのですが、「まだ30分あるから」とゆっくりしていました。そこからパソコンをセットし始めたところ、なぜか急にパソコンの動きが悪くなりロックしてしまったのです。再起動などを繰り返しているうちに時間ギリギリに……。間に合ったものの、冷や汗をかきました。

トップ営業スタッフは、お客様とのアポイントに余裕を持って出かけます。人によって異なりますが10～30分くらい前に到着するようにしています。

時間的に余裕があると、移動中にじっくりとお客様のことを考えられます。今まで思いつかなかったキレのある提案が浮かぶことも少なくありません。早く着いたら、打合せ場所近くで資料を見返して最終の確認作業をします。

この時間が一番集中してデモンストレーションができるのです。

一方、ギリギリのときはそんなことを考えている余裕はありません。のんびり走っている前の車にイライラするだけです。ギリギリまで会社で仕事をすることで時間をセーブしたように感じるかもしれませんが、余裕があれば生産的になる時間が、焦りと不安で非生産的な時間になってしまい、結局のところ〝損〟をすることになります。

あなたが約束の場所に毎回遅刻気味になってしまうなら、ぜひ今度は10～30分前に着くように出発してみてください。

リモートでも同じです。少なくとも15分前にはワンクリックでルームに入れるように、カメラの位置や音量調整を準備しておきましょう。

自分の力を発揮できる、いい状態で商談に臨むことができます。

012 見つけておきたいモチベーションを上げる仕組み

POINT
難易度 ★★☆☆☆
実用性 ★★★★☆
即効性 ★★★★☆

結果を出す人は、営業活動以上に自分のモチベーションを上げるマネージメントを重視しています。自然にやる気が出るのを待つのではなく、**モチベーションが上がっていく仕組みを作っているのです**。モチベーションの上げ方にはいろいろあります。

「よっしゃ！　今日も気合い入れてやるぞ！」と声を出してやる気が出る人もいます。テレワークでしたら、大きい声を出しても迷惑がかかりません。また家族や子どもたちの写真を見て「今日も頑張るぞ」とモチベーションを上げる人もいるでしょう。

どんな方法でもいいのですが、自分に合う方法をひとつ見つけるといいのです。


私がハウスメーカーに勤めていたときにやっていたモチベーションアップの方法は2つありました。

まず、すでに購入したお客様からの「住む前にこれを知っておきたかった……」という情報を送ることです。これから購入するお客様に役立つ行為をしたわけですから、それだけで「良いことをしたなぁ」という満足感を味わえます。お役立ち情報を見込み客に継続的に送り続けていると、お客様から声が掛かることも多くあります。

「菊原さんに相談したいことがあるのですが」と連絡があると、どんなに気分が乗らない日でもモチベーションは一気にアップします。

もうひとつは、購入後のお客様からの「菊原さんに頼んで本当に良かったです」というお礼状を見ることです。ときには直接電話をしたり、定期点検で訪問したりしてリアルにお言葉を頂くこともありました。どんな美辞麗句よりも、お客様からの「菊原さんで良かった」という一言でモチベーションが上がります。

このように**モチベーションが上がるように営業活動を仕組み化**していました。

どんなにやる気のある人でも、モチベーションを常に高い状態に保つことはできません。トップ営業スタッフでも落ち込む日もあれば、やる気の出ない日もあります。ただし、モチベーションを低いままにせず、いろいろな工夫をしているのです。

まずは、あなたに合うモチベーションアップ方法をいくつか探してみましょう。

013

奪う営業では生き残れない与える営業スタイルに変える

POINT
難易度 ★★★☆☆
実用性 ★★★☆☆
即効性 ★★☆☆☆

ここまで、営業スキルを上げるいろいろな方法をご紹介してきました。

スキルアップも大切ですが、それよりも重要なのは〝営業に対する考え方〟です。

営業に対する考え方が間違っていると、どんなに頑張っても結果は出ません。考え方がズレると行動がズレます。やればやるほどお客様から嫌われ、ドツボにハマっていきます。

それを踏まえて、大切な考えを紹介します。

それは**「〝買う〟と〝買わされる〟の違い」**です。

言葉は似ていますが、〝買う〟と〝買わされる〟は180度違ったものです。

買うは〝得る行為〟ですが、買わされるは〝奪われる行為〟です。どんな人でも奪われて喜ぶ人はいません。この違いを理解しているかどうかで、あなたがこの先営業として活躍できるか、それとも苦戦し続けるかが決まると言っても過言ではありません。

私が企業研修で説明するのは、営業の心構えとして、「私から買わなくてもいいですが『でもこれだけは知っておいて欲しい』といった気持ちで情報提供したり、行動してください」ということです。

これは、営業として非常に重要な考え方です。

結果を出している営業スタッフと話をしていると「この情報だけはどうしても知ってもらいたいんですよ」といったことを相手に伝えています。

情報を送るとしても実際に会って伝えるにしても〝お客様にどうしてもこれを与えたい〟と思って行動しています。お客様は、それを踏まえて営業から〝買う〟のです。だからこそお客様に気持ちが伝わりますし、信頼されるのです。

一方、結果が出ない営業スタッフは「今月の契約ゼロはマズい。何とかしないと……」と思って、自分の都合でお客様に〝買わせる〟営業活動をします。こういう気持ちは、どんなに取《と》り繕《つくろ》ってもお客様にバレてしまいます。

あくまでも、**お客様の視点に立って、お客様に〝得〟を与えたいと思って行動するように心がけてください**。こういった営業だけが、今後は必要とされ、生き残っていくのです。

014

〝経験がない〟なら視点を変え徹底的にお客様に寄り添う

POINT

難易度 ★★☆☆☆
実用性 ★★★☆☆
即効性 ★★☆☆☆

私は営業の研修の他に、個人コンサルティングもさせて頂いております。

営業の新人スタッフから「営業経験がないので、どうしても自信を持てません」といった相談をよく受けます。

ハウスメーカーの新人営業スタッフを例にとりましょう。彼はまだ1件も契約を取れていません。そんな彼がお客様に胸を張って「安心して私に家づくりのすべてをお任せください！」とはなかなか言えないものです。

家というのは、一生に一度の大きな買い物です。もし、意に反した家、想像とは違う家を買ってしまったら、とても後悔します。お客様も「一生に一度の買い物を新人の練習台にされたくない」と考えます。

これが、新人営業スタッフが当たる壁なのです。

〝経験がないから売れない〟そして〝売れないから経験が積めない〟となり、出口の見えない迷路に迷い込んでしまいます。

現実問題として、現時点で契約がゼロであれば〝経験がない〟という事実を変えることはできません。

しかし、考え方は変えられます。

経験がないということは〝お客様視点に近い〟ということです。

先ほどのハウスメーカーの新人営業スタッフであれば、〝経験がないのだから家づくりに関しての疑問や不明点をお客様と一緒になって解決する〟と考えてみてはどうでしょう。初めてのことばかりですから、当然必死に勉強して一つひとつ丁寧に行うはずです。もちろん１人で勝手に進めるのではなく、先輩や上司にサポートしてもらうようにしてください。

また一定の割合で〝偉そうに上からものを言ってくるベテラン営業スタッフより、新人営業スタッフのほうが好き〟といったお客様が必ず存在しています。こういったお客様はたいがい親分肌の人が多いのですが、中小企業の社長さんに多いタイプです。

私の初契約も、このタイプのお客様でした。

経験がないということは、むしろ有利で強みと考えるようにしましょう。

コラム①　営業の基本となる考え方

先輩、営業っていろいろなやり方があるんですね。私は営業って難しいと思っていましたが、何だか前向きな気持ちになってきました。営業職は私に合っていないのかなとあきらめてしまいましたが、何かできそうな気になりました。

自分に合うやり方が見つかると楽しくなるぞ。デキる営業スタッフをそのまま真似するのもいいけれど、まずは“自分はこれができそう”というイメージを持つことが大切なんだ。それを真似るだけでもレベルアップになるんだよ。

クロージングする方法はひとつじゃないし、自分に合ったやり方があるんですね。いろいろな方法を学んだので早く試してみたいです。

じゃあ君は何からチャレンジする？

私は直接話をするのがあまり得意ではないので、文章でお客様に気持ちを伝えたいと思います。それに、まだ営業活動のリズムを身につけていないと思うので、30 分早く出社してデスクワークを終わらせたいと思います。

文章力ね、いいんじゃない。君は丁寧な字を書くのでお客様も喜ぶんじゃないかな。私も朝早く出社しているけれど、早起きも 1 週間ほどで慣れるよ。仕事を自分に合った方法で続ければいいし、合わなかったらやめればいい。いろいろ試しながら楽しんで営業活動を頑張ってよ。

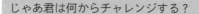

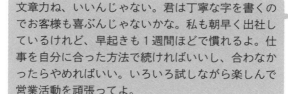

第2章

デキる営業の武器②

アポイント・
アプローチ・
見た目のマナー

015 デキる営業は外見も魅力的 リモートでも手を抜かない

POINT
難易度 ★☆☆☆☆
実用性 ★★★★☆
即効性 ★★★★☆

ビジネスや営業で結果を出すために「見た目が非常に重要である」ということは、ほとんどの人が知っているでしょう。ただし、知っていたとしてもキチンと実行している人はそれほど多くありません。実際は見た目に無頓着と思われる人が数多くいるのです。

服装については、世代間ギャップがあります。

20代の若者が「これくらいの服装だったらいいんじゃないか」と思うことも、50代からすると「なんてマナーができていない服装だ」と映ることもあるのです。

「見た目はチャラいけど、中身はしっかりしているかもしれない」とお客様が配慮してくれると思ってはいけません。見た目で悪い印象を持たれれば、商談のチャンスどころか、1分も話をまともに聞いてもらえないのが現実です。

ある営業スタッフは、スーツのパンツを腰の低い位置までずらす「腰ばき」で、ネクタイもノットを緩めていました。確かに、話をすればいい若者なのですが、ほとんどのお客様は「こういう人とはまともに話をする気になれない」と敬遠します。

彼は見た目でとても損をしているのです。

研修などでこういうエピソードを紹介すると、「当社のトップ営業スタッフはかなり派手ですよ」と反論が飛んできます。まったくマナーができていないのに、成績は抜群という型破りで伝説的な営業スタッフはどの会社にも必ずいるものです。それは認めますが、そういうケースは極めて稀です。

やはり、**見た目に気を遣っており清潔感がある服装をしている人が圧倒的に有利**であることは間違いありません。

これはリモート営業でも同様です。「リモートだから服装は適当でいいだろう」という人はまず間違いなく苦戦しています。リアルで会っても恥ずかしくない服装をリモートでも心掛けてください。だらしないところが見えなくても、気持ちや口ぶりに影響するものです。

見た目を変えたいなら、上司や少し年上の先輩に忌憚《きたん》のない意見をもらうのもいいですし、センスのいい方のアドバイスも効果的です。

ちょっとした修正で格段に印象が良くなり、それが成績につながるのです。

016 相手に合わせて身だしなみ迷ったらオーソドックスに

POINT
難易度 ★☆☆☆☆
実用性 ★★★★☆
即効性 ★★★★☆

男性も女性も、営業活動において身だしなみを整えることは大切です。

このような話をすると「高級ブランドの物は買えないしなぁ～」などと勘違いをする人もいるかもしれません。もちろん、無理をして高級ブランドなどの高い物を買う必要はないのです。

高級ブランドのスーツをポンと買えるほどの給料をもらっている人は、そう多くいないと思います。揃えるのは、買える範囲内のもので構いません。なんだったら、今持っているもので工夫するだけでも十分です。

例えば、ワイシャツは安い物だとしても、クリーニングに出したりアイロンをかけてシャキッとすれば、あなたの印象は変わります。クツやカバンも磨いたりワックスをかけたりと、少し手入れをするだけでも印象は違ってくるのです。

人は初対面の人の印象を最初の数秒で判断します。つまり、出会って数秒の印象が後々まで残るので、営業で結果を出すために身だしなみは非常に重要です。ポイントを押さえ、お客様にいい印象を与えることは、どんな魅力的な提案にも勝ります。

男性はスーツでいいとして、女性の場合は服装のバリエーションが多いため、服装の選択が難しくなります。ポイントは自分の好みではなく**「お客様がどう感じるか」に焦点を置く**ことです。

商品の提案もそうですが、お客様目線で考えるとうまく行きます。あなたが20代でお客様も20代がターゲットというのでしたら、自分の感覚で選べばいいでしょう。

しかし、自分より10歳も20歳も年上のお客様ならば、その世代の方が好むものを選ぶ必要があります。もしくは、すべての世代から好印象を持たれるチョイスがベストです。

- 派手すぎず地味すぎずの服装
- 髪が長い場合はまとめておく
- アクセサリーを派手すぎないようにする

女性の営業スタッフは、男性と比べて警戒心を持たれにくいというメリットがあります。その上、服装で好印象を持ってもらえれば、かなりのアドバンテージを取れるのです。

017 お客様に好印象を与えられる3つの強力ビジネスアイテム

POINT
難易度 ★☆☆☆☆
実用性 ★★★★☆
即効性 ★★★★☆

商談のとき、**お客様はあなたの持ち物をよく観察している**ことを知っておくと有利です。持ち物ひとつで「この人はできる人かも」と思わせることもあれば、「期待できない」とガッカリさせることもあります。

お客様は外見で相手はあなたを判断し、身につけているアイテムであなたを値踏みするのです。トークや提案で心をつかむ前に、まずはアイテムで期待値を上げましょう。

では、お客様に好印象を与える3つのアイテムを紹介します。

・好印象を与えるアイテム①：カバン

営業スタッフの持ち物の中で、カバンは大きなインパクトがあります。

奇抜な色やデザインのカバンは好みが分かれます。相手がいいと思うかはギャンブルなので避けたほうが無難です。また、デザインが良くても汚かったり、使い古されていると、仕事ができないように見えるものです。それだけでチャンスを失うこともあるのです。

できる営業スタッフは、黒か茶色の落ち着いた色、相手から好印象を持たれるデザインを使っています。**営業のトップが持っているカバンを参考にするのもひとつの手です**。

・好印象を与えるアイテム②：ボールペン

ボールペンは100円ショップで〝3本100円〟といったような安い物を使うのではなく、**少し高い物を使うことをおススメします**。安価の筆記用具を使っている人を見ると、どうしても「仕事にこだわりがないんだろうな」といった印象を受けてしまいます。自社で高額商品を扱っている営業スタッフは、特に注意が必要です。

・好印象を与えるアイテム③：クツ

営業をしている人ならば〝トップ営業スタッフはクツがきれい〟といった話を聞いたことがあると思います。作法やマナーの本にも〝マナーは足元から〟と書かれています。**どんなクツを履いているかで営業スタッフのレベルがわかってしまうのです**。お客様は営業スタッフのクツを見ています。高い安いではなく、常にきれいに手入れをしましょう。

018 出会いの一瞬が勝負を決める 名刺交換で一歩リードする

POINT
難易度 ★★☆☆☆
実用性 ★★★★☆
即効性 ★★★★★

営業活動において〝出会ったときの印象〟の影響力は非常に大きいものです。しかも、その時間は非常に短く「初めの15秒で決まる」と言われたり、もっと短いとも言われます。トップ営業スタッフは**〝第一印象を良くするチャンスは1回だけ〟**ということを身に染みて知っています。では、最もアピールできる瞬間はいつか？　それは、名刺交換をする瞬間です。**〝今できる最大限の感じの良さ〟を伝える努力と工夫をする場**、それが名刺交換なのです。名刺交換は営業活動の基本であり、社内研修などで一番初めに教えられる営業マナーのひとつです。基本的なやり方ですが、次のようになります。

①名刺は名刺入れの上にのせて両手で渡す
②「○○会社の営業担当の菊原智明と申します」と名乗る
③相手の名刺を受け取るときも名刺入れの上で受け取る

名刺入れを使わず、胸ポケットから無造作に「どうも、こういうものです」と出す人がいますが、これは重大なマナー違反です。中には自らは名刺を出さずにこちらの名刺を要求してくる、なんていう人もいるのです。未来には名刺交換などのやり取りがなくなるかもしれませんが、今はこの手順をマスターしておいたほうが無難です。

名刺交換のマナーを覚えると、それができない人が意外と多いことに気がつきます。キチンとできれば、「この人は期待できる」という印象を相手にあたえられます。その時点で他の営業スタッフより一歩リードできます。以下のポイントを使うと、さらに効果的です。

- いい笑顔
- 聞き取りやすい話し方
- 丁寧にお辞儀をする

お客様と出会った瞬間の数秒間に最大集中することが即結果につながります。〝第一印象を良くするチャンスは一瞬しかない〟と意識するだけで行動が変わってきます。

019

何といっても体が資本 健康管理を重視して暮らす

POINT
難易度 ★★★★☆
実用性 ★★☆☆☆
即効性 ★☆☆☆☆

ここまでは、見た目やマナーの重要性について話をしてきました。それよりも大事なことは、やはり健康的かどうかです。どんなにいいスーツを着ていても、マナーが良くても青白く病的な雰囲気だったら、お客様の多くは「何か悪いものをもらいそうだな」と敬遠するでしょう。**健康でないと好印象を持ってもらえないのです**。

かく言う私も、30歳近くまで不健康極まりない生活を送っていました。いつも寝不足で二日酔いです。こんな様子では、どんな工夫をしてもお客様は逃げていきます。

私は営業として成果を出すのに7年かかりました。その理由はいくつかありますが、無駄な訪問をしなくなり、残業時間が大幅に減ったことも理由のひとつです。生活に時間的な余裕も出て、徐々に私は健康的な生活を取り戻すようになりました。

生活の質が良くなり、その相乗効果で営業活動も良くなりました。コンディションが良くなりあらゆることが改善されたのです。このとき私は初めて健康の素晴らしさを実感しました。健康を疎《おろそ》かにしたことが自分の営業の足を引っ張っていたことに気づいたのです。

モチベーションを上げるため、前向きになるために自己啓発本やセミナーに参加する方がいらっしゃいます。しかし、それより**手っ取り早く結果が出る方法は、体のコンディションを整えること**です。それが最も費用対効果が高いと私は経験的に知りました。

長く活躍するトップ営業スタッフは、例外なく体のコンディションを整えています。体のメンテナンスを常に欠かさず、いつもいい状態に保っているのです。基本的なやり方は〝体をいじめる悪習慣をやめ、その代わりに良いことをする〟といったことです。

- 体に良いものを食べる
- いつもより30分早く寝て30分早く起きる
- 週に２回休肝日を作る
- 毎日10分運動する

体に良い行為が習慣化すれば、必ず体調はよくなります。体調が良くなればお客様にいい印象を与えられます。今日から少しずつ健康になるための習慣を取り入れてください。

020

対面営業での感じの良さを印象づけるお客様の待ち方

POINT

難易度 ★★☆☆☆
実用性 ★★★☆☆
即効性 ★★★☆☆

研修の打合せである会社へ伺ったときのことです。私は通された部屋で担当者が来るのを待っていました。部屋の中心に6人掛けのソファーがあり、その周りに創業当時の写真や記念品が飾られています。

こういったところから雑談のネタが手に入ります。

初対面の相手の場合、最初の会話はやはり手さぐりになります。記念品などから「何かつかみネタがあるかな」と考えていたところに、担当者が部屋へ入ってきました。担当者の方に写真についていくつか質問したことで場が和み、「では、本題」となり、打合せはスムーズに進みました。

保険のトップ営業スタッフの方から、こうアドバイスを受けたことがあります。

「部屋に通されたら、立って待つのが一番だ。お客様に誠実なイメージを持ってもらえる」

立って待つといっても直立不動ではありません。ピンと背筋を伸ばして待っていたら、後から入ってくる人に「待たせてしまって申し訳ない」という負い目を感じさせてしまいます。部屋にある絵やトロフィー、飾り物に目をやりながら、自然に相手が来るのを待つのがベストです。

もうひとつ気をつけたいのが、上座と下座です。

自分が相手の会社へ伺った場合は、自分の立場は〝客〟になりますから、上座に座ることになります。

ただ、部屋によってはどちらが上座か下座かがわからないこともあります。そのため、どちらにも対応できるように立って待っているほうがいいのです。相手が「こちらへどうぞ」と誘導してくれるはずです。それに**立って待つことで〝誠実〟というイメージをアピール**できます。

時間についても気を配りたいものです。

対面では、**アポイントの時間ピッタリではなく5～10分前**に伺って、相手を迎えるほうが心理的にも余裕が生まれます。

021 自分の印象をお客様の記憶に刻む効果的なテクニック

POINT
難易度 ★★★★☆
実用性 ★★★★☆
即効性 ★★★☆☆

いろいろな会社の営業スタッフと話をして「この方は印象に残る」という方もいれば、ものの3日で記憶から消えていく営業スタッフもいます。両者の違いはほんのちょっとの工夫です。いい意味で印象に残った営業スタッフ2人を紹介します。

まずは、先日リモートで打合せをした営業スタッフです。打ち合わせ3分後にメールが届きます。メールには「今日の打合せ内容の確認」とともに「プロフィール」が添付ファイルで送られてきました。打合せ内容をまとめて送ってくれた時点で好印象を受けたのです。さらに私の心に彼の印象が刻まれたのは、そのプロフィールを読んだからです。そこには、次のような内容が掲載されていました。

- 仕事に対するスタンス・ポリシー

・どんな経験をしてどんな信念で生きてきたか
・プライベートの趣味、家族の話

これを読んで、私はすっかり彼のファンになりました。

また、もう1人の優秀な営業スタッフは、リアルで会って商談をしたお客様には、印刷した挨拶文を渡しているといいます。そうすることで、別れた後でも思い出してもらえる効果があるというのです。どんな挨拶文かというと、簡単な自己紹介と顔写真を載せた小さなカードでした。商談の後、持ってきた資料に挨拶文を挟んで渡すのがベストのタイミングです。

よっぽどの商談でなければ、相手はあなたが帰った瞬間にその資料も内容も忘れがちになります。記憶力の良いお客様でさえ、2～3日経てば「この資料は何だっけ？」となってしまうものです。

そんなとき、資料に挨拶文がはさんであれば、瞬間的に「A社のBさんからもらった資料だ」と思い出してくれます。

デキる営業スタッフは、お客様の記憶に残る工夫をしているものなのです。

022

わずかなお金でできる一瞬で信頼度を上げる方法

POINT

難易度 ★★★★★
実用性 ★★★★☆
即効性 ★★★★☆

ここで紹介するのは短時間で信頼度をアップさせる方法なのですが、ちょっと難度が高い方法です。好き嫌いが分かれるとも思いますので、参考程度に読んでください。

それは〝休暇にお客様へお土産を買ってくる〟という方法です。それを実行して、ダントツの結果を出しているトップ営業スタッフ2人を紹介します。

まずは、保険業界のトップ営業スタッフのMさんです。

Mさんとゴルフに行ったときのことです。ゴルフ場にはいろいろなお土産を売っているのですが、売店で焼き菓子を指さし「これを10個頂けますか？」とオーダーしていました。

ひとつか2つ買う人はいますが、10個という人は滅多にいません。

その理由を聞くと、「たくさん買うと、必然的にお客様に配らなくてはならないでしょ。だからですよ」と言っていました。10個購入すれば、自分の分をひとつ取ったとしても最低９人に配らなければなりません。賞味期限もあるので、自動的に得意先やお客様のところへ持って行くようになるのです。「群馬でゴルフをしてきましてね。そこの売店で売っていたのが、あまりにもおいしそうだから」と言いながら配布して交流を深めるのです。

もう1人は、メディカル業界の営業をやっているKさんです。彼は長期休みに帰省した際、地元のお土産をたくさん買っては休み明けにお客様に配ります。田舎のお土産を貰ったお客様は「休み中でも私のことを考えてくれていたんだ」と嬉しくなります。

こうしてお土産ひとつを渡すことで、一瞬にして信頼関係を深めるのです。

この方法は効果が高いのですが、費用がかかってしまいます。「小遣いが少なくて、そんなにお金を出せない」という方のために、とっておきの方法をお教えします。

それは、〝お客様に絵ハガキを出す〟です。「今さら絵ハガキ!?」と思うでしょうが、ほとんどの人が活用していないからこそチャンスなのです。

いずれにしても、ポイントは**「あの人は休日でも私たちのことを考えているんだ」と思ってもらうこと**です。高難度ですが、ぜひチャレンジしてみてください。

023

商談は事前の根回しで勝負が決まってしまう

POINT

難易度 ★★★★☆
実用性 ★★★☆☆
即効性 ★★★☆☆

多くの営業スタッフは「お客様との商談のときが勝負だ」と考えています。これは、リアルで対面する際もリモートで画面越しに商談するときも同じです。対面営業であれば、お客様を目の前にして話を始めたときがスタートだと思うでしょうし、リモートではZoomやTeamsのルームにお客様が入ってきたときがスタートだと思っていることでしょう。しかし、実際は商談が始まるはるか前に〝勝負が決まっている〟のです。

先日、リモートで税金対策の保険についての商談をした営業スタッフHさんは、Zoomで面談する前から「この人にしよう」と決めていました。というのも、やり取りのメール対応が早く丁寧でしたし、事前に送って頂いた資料も完璧だったからです。

メールで問い合わせをしたときは、1時間程度で返信が返ってきます。また、私が要望を伝えると、想像以上の資料が送られてきたのです。

このHさんのように、商談前にお客様が好意を持ってくれたらどうでしょう。「間違いなく契約だ」とまではいかなくても、商談は格段にやりやすくなります。ミスをしない限り、高確率でチャンスをものにできるのです。

反対に、商談前に対応が遅かったり、送られてきた資料に不備があったりしたらどうでしょうか？　イマイチな印象を持たれてしまえば、どんなに熱いトークをしても商談で盛り返すのは難しくなるのです。

実は、Hさんに声をかける前に、知人の紹介でYさんという方とやり取りをしていました。Yさんは紹介だったために気が抜けたのか、かなり手ぬるい対応をしてきました。会うまでのやり取りはメールでしたが、彼からの返信は2～3日後、資料送付を依頼しても、私が頼んだだけを送ってくるだけ。

ですので、商談をする前から「基本的には断ろう」と思いながら話をしていました。そう思って話していると、欠点がやたらと目につきます。結局、商談を10分程度で切り上げてお断りをしました。

アプローチの段階から商談はスタートしているのです。お客様からの**メールにはできる限り早く返信し、可能な限り精度の高い資料を送る**ようにしてください。

024

お客さまにアピールできるお礼状は一言添えると効果的

POINT
難易度 ★★☆☆☆
実用性 ★★★★☆
即効性 ★★★★☆

先ほどの営業スタッフHさんとの話の続きです。Hさんとは何の問題もなく、気持ち良く契約をさせて頂きました。Hさんはデキる営業スタッフですから、契約後も手を抜きません。契約後、すぐに一通のお礼状が送られてきました。そこには「菊原さんとの出会いに本当に感謝しています」と手書きでメッセージがあったのです。

結果を出している営業スタッフはデジタルツールだけでなく、**「ココだ!」というポイントではアナログツールを活用しています。手紙やハガキなら必ず一言、手書きでメッセージを添えます**。これが大きなインパクトを与えるのです。

お礼状を出したほうがいい、ということは誰でも知っています。しかし、実行している営業スタッフはあまり多くありません。お礼状にメッセージを書かない理由のひとつとして「私は字が下手ですから」と言う人がいます。

字は上手に越したことはありませんが、気持ちを伝えることが大事ですから、字が上手か下手かはあまり関係ないのです。

以前にお会いした人から、毛筆で書かれていて芸術的なお礼状を送ってもらったことがあります。確かに、芸術的なものの特に印象には残らなかったのです。

その数日後のこと、別の人からお礼状を頂きました。

達筆ではなくボールペンで普通に書かれたものでしたが、印象に残ったのです。

その理由は「菊原さんだけに書いています」という雰囲気が伝わってきたからです。

一方、毛筆のお礼状は芸術的で素晴らしかったのですが、他の人にも同じものを送っているように感じました。いくら達筆でも、大勢の人に送っているという雰囲気が伝わってしまえば、相手の心はつかめないのです。

すべての文字を、一文字一文字心を込めて書く必要はありません。おススメは定型文を印刷にして**一言だけ手書きで添える**ことです。「最近、ゴルフの調子はいかがでしょうか？」といった一言が入っただけで、随分と印象は変わります。

お礼状を出すとき、ぜひお客様の印象に残る一言を入れてください。

025

姿が見えない電話の営業は特徴とエピソードを伝える

POINT

難易度 ★★★☆☆
実用性 ★★★★☆
即効性 ★★★★☆

昨今、スマートフォン（以下、スマホ）も家電もナンバーディスプレイになっており、〝知らない番号〟からの着信には出ない傾向にあります。しかし、私自身はかかってくる電話に比較的出るようにしています。

なぜかと言うと、「電話でどんなアプローチをしてくるか」ということを営業コンサルタントとして知っておきたいからです。それにしても、まあよく売り込み電話やテレアポの電話がかかってきます。10件に7～8件は営業がらみの電話ですから、普通の人が知らない番号の電話を取らないのも当然です。テレアポはどんどん厳しくなっているのですが、やり方によってはまだまだ効果的な営業アプローチのひとつです。

ハウスメーカーの営業時代のことです。あるお客様と住宅展示場で話して、土地の案内をすることになりました。その3日後、たまたまお客様が探していたエリアの土地が見つかったため、お客様へ電話かけます。ところが、土地が見つかった旨を伝えたところ、

「必要ないです。また連絡します」と冷たく電話を切られたのです。会って話をしたときとは別人のような対応に私は驚きました。

仕方なく土地資料と手紙を送ったところ、お客様から「すみません、数日前の電話は菊原さんだったのですね」と謝罪の電話がかかってきました。その日はたまたま売り込み電話が多くうんざりしていたとのことで、私の電話もその1本と間違えられたのです。

その後、このお客様とはうまく話が進みました。このお客様とは再び話ができたので問題はありませんが、電話をかけたきりになったらどうでしょう？　関係はそれっきりになっていたかもしれません。

お客様はいろいろな営業スタッフと出会っていますし、関係のない売り込み電話もたくさんかかってきます。そんな中で「ＡＢＣ社の菊原です」ではお客様は伝わりません。

そうではなく「3日前、70坪前後の土地物件をご案内する約束をした菊原と申します」と伝えたほうがいいのです。新規のお客様だとしても「高崎北部のエリアに特化した塗装会社の○○です」と**ひとつ特徴を伝えたほうが効果的です**。

お客様は、会社名と名前だけでは認識してくれません。**電話では名前だけでなく、思い出していただけるエピソードを伝える**ようにしてください。

026

SNSを使ったお客様へのアプローチ方法に注意する

POINT

難易度 ★★☆☆☆
実用性 ★★★☆☆
即効性 ★★★☆☆

私は毎週、大学生に向けて営業の授業をしています。男子学生がスマホにイヤホンをつけて、何やら話をしながら操作している姿を見かけます。見せてもらうと、プレイヤー同士がチャットやメッセージを頻繁に交わして行うゲームをしているのです。攻略法はもちろん、学校のことも話します。彼らはゲーム中でコミュニケーションをとっているのです。また友達に電話をする場合であっても「明日の10時ごろ電話しても大丈夫?」とSNSでメッセージを送ります。これは営業スタッフがクライアントにアポイントを取るときより丁寧です。こういうところは、営業スタッフも学ぶべきかもしれませんね。

彼らはコミュニケーションをほぼSNSで済ませています。若者のコミュニケーションはSNSがメインであって、電話や直接会って話すといったことがサブなのです。コミュニケーションツールは世代によって変わりますから、これはこれで成立します。

4~5月になると研修先の会社の教育担当の方から、こういう話をたくさん聞きます。

・新入社員が遅刻や休みをＳＮＳで伝えてきた
・クレームをメールで謝罪した
・納期遅れをＳＮＳで軽く伝えた

これは、学生感覚のまま営業活動をしている人が多いためです。対処方法を覚えるだけですから問題はありません。〝納期の遅れの対応はまず電話で謝り、その後、直接謝罪に行く〟という対処方法を知ればいいのです。

注意すべきは「乗り遅れないようにＳＮＳを活用しなくては」と思い、間違った使い方をしているベテラン営業スタッフです。

以前、交流会で名刺交換をした保険業界の営業スタッフから、ＳＮＳ経由で「来週のどこかで時間をもらえます？」とアプローチをされました。名前の表記も本名でなく、文面もあたかも友達を誘うかのようにです。

こういったアプローチをする人とは時間を取って話をする気にはなりません。やはり、ここはしっかりと「１週間前に交流会でお会いさせて頂いたＡＢＣ生命の山田です」となるべきです。

ＳＮＳは便利なツールです。ただし、使い方とルールを守りましょう。

027

コンタクトを営業に紐《ひも》づけ大きなチャンスを逃さない

POINT

難易度 ★★☆☆☆
実用性 ★★★★★
即効性 ★★★★☆

営業活動を2～3年も経験していれば、**〝お客様からの問い合わせや質問はアポイント取得のチャンスだ〟**ということがわかってきます。しかし、新入社員や経験の浅い営業スタッフは、せっかくのお客様の問い合わせに〝質問に答えて終わり〟という〝処理〟だけで終わってしまうことがあります。はたから見ると「なんてもったいないことを」と思うのですが、**経験の浅い営業スタッフは悪気なくやってしまうものです**。

先日、自社のサーバーのシステムについてある会社にメールで質問しました。すると、すぐに「この場合はこのような手順で操作したほうがいいですね」と丁寧な返事をもらいました。メールから察するにベテランで〝デキる人〟の感じです。教えてもらった私としては良かったのですが、先方にとってこれは大きなチャンスを逃したことになります。

もしこの方が営業ノウハウを少しでも知っていれば「よろしければそちらへ伺うか、リモートで相談に乗りましょうか」と言うでしょう。そうしたら、私は間違いなく話に乗りました。「こういうソフトを入れておくといいですよ」と新しい商品を勧められれば、私は間違いなく購入したでしょう。

新人営業スタッフに限らず、意外にチャンスを見過ごしている人も少なくありません。チャンスをスルーしながらも「なかなかお客様が見つからないんです」と愚痴ったりしているのですから、もったいない限りです。

付き合いの長い知人のプレマネFさんも〝部下がチャンスを逃している〟ということを感じていました。

そこで、Fさんは部内でルールを決めます。

「お客様の質問を受ける→日程を２つ伝えてアポを取る」

これだけで多くの営業スタッフがチャンスを逃さなくなりました。

お客様からの質問や問い合わせは、必ず2択で日程を提案してアポイントにつなげるようにしましょう。もしあなたがマネージャーならば、これをルール化もしくはマニュアル化してください。今の時代、みすみすチャンスを逃していたのでは生き残れません。

028 自分の生活全部がエピソード自分を一言で表すフレーズを

POINT
難易度 ★★★★☆
実用性 ★★★★☆
即効性 ★★☆☆☆

「営業のアプローチ」と聞くと、難しく思えるかもしれません。実は、すごく簡単にできてジワジワ効果が上がる方法をご紹介します。

私の住んでいる地域にいる、ある農家さんの話です。こだわりを持って作っており、地元では有名でかなり繁盛していました。その農園のオーナーは髪型や服装にもこだわっており、カッコいい人です。

ここまではいいのですが、問題はオーナーが〝商品で勝負しているから、味のわかる奴だけ買えばいい〟という態度を出してしまっていることです。私も何度か見かけたことがありますが、地域の行事に参加しても、オーナーは誰とも話さずサッサと帰る感じです。もしかしたら、ただ単にシャイで知らない人と話すのが苦手というタイプだったかもしれませんが……。

ほとんどの人は性格まで知りませんから、「どうも好きになれない」という印象を持たれてしまっていたのです。こうなると誰も近づかなくなりますし、だんだんとその農作物を買わなくなります。最近はあまり見かけなくなり、売り上げも落ちてきているようです。

ビジネスをしているのなら、「近くで○○を作っているんです。今度、食べに来てください」と伝える努力を怠ってはならないのです。たった３秒の声掛けでいいのですから。それだけでどれほどのファンを作り、口コミが広がるかを考えるべきです。自分の性格がシャイだとしてもこまめなアプローチはをやったほうが得です。

住宅営業をしているのであれば、自己紹介の際「私は住宅の仕事をしていましてね。家づくりなら相談にのりますよ」と伝えます。

医者でも弁護士でも役所に勤めていても、何かしら告知できることはあります。**一言で伝えられる簡単な声掛けフレーズを考えておく**といいでしょう。

知人の信用金庫の方は、よく知り合いや友人から契約を頂いています。やはり、ことあるごとに「お金のことなら何でも相談してね」と声掛けをしているからです。

機会がある限り、自分の仕事を嫌味なくサラッと伝えるようにしましょう。

コラム②　営業は見た目が大切

先輩、見た目って思っていた以上に大切なんですね。結果さえ出れば、見た目やマナーは軽視しても問題ないと思っていました。確かに、営業部トップのZさん、フォーマルのときもカジュアルのときも、何ていうんでしょう“見栄え”がいいですよね。

身だしなみというのは、“営業の第一歩”といってもいいだろう。そもそも見た目をきちんとしておかないとお客様に相手にもされないんだ。新人のころは見た目とかマナーを軽視していてさんざん痛い目に遭ったよ。

先輩にもそんな時代があったのですか？　何をやらかしたんですか（笑）。

しっかりしたストライプのスーツが気に入っていて、それで少し年配のお客様のところに行ったんだよ。上司からの忠告を無視してね。ぜんぜんダメ。相手にされなかったよ。それからは注意するようになったんだ。

そうなんですか。人からどう見えるかって、やっぱり大事なんですね。“営業”は人から見られるのも仕事の一部というのがわかりました。来月の給料が入ったら、ちょっといいカバンとクツを買い替えようと思っています。

それがいいよ。どうせゲームの課金か飲み代に使っちゃうんだから。

飲み代に関しては先輩も人のこと言えませんよ。営業で結果を残すには見た目もそうですけど、健康第一なんですから、気をつけてくださいね。

第3章

デキる営業の武器③

トーク・商談と話し方

029

相手が必要なものを聞き出す 営業のスタートはそこから

POINT

難易度 ★★★☆☆
実用性 ★★★★☆
即効性 ★★★★☆

営業に求められるテクニックと言えば、トークを思い浮かべるかもしれません。トークのテクニックを伝える前に知って頂きたいことがあります。それは〝商談の基本構造〟です。商談の基本というより〝営業の基本構造〟と言ったほうが適切かもしれません。それは、次のようになります。

【お客様が必要なもの聞き出す】→【それを提供する】

この基本構造を押さえていないと、これから紹介するすべてのトークが上滑りします。

以前、エアコンを買い替えようと電器店に行ったときのこと。商品を見ていると、店員さんが「エアコンをお考えですか？」と声をかけてきました。

そうだと答えると、店員さんは「こちらのタイプは従来のものより1・5倍も暖まり方が早いんです。ランニングコストも3割近くダウンできるんです」と売り込んできました。私は暖まり方が早いものやランニングコストがダウンできるものも必要としていません。リモートで仕事をする際、音が静かなタイプを探していたのです。もしこのとき「今お使いのエアコンで何かお困りのことがありますか？」と聞いてくれたらどうでしょうか？「リモートの仕事が増えたので、つけていても音が気にならないタイプを探しています」と答えたでしょう。そしてその要望にマッチしたエアコンを紹介してくれたら、間違いなく購入していました。

このように、お客様の要望は無視して自分の言いたいことだけ説明する販売員や営業スタッフをよく見かけます。過去の私もそうだったのですが、こういったタイプの人はまずいい結果にはつながりません。勉強して商品知識が豊富になるのはいいことです。しかし、お客様が求めていない説明をしても百害あって一利なしです。「いかにアピールするか」ではなく**「いかにお客様の要望をヒアリングするか」**と考えたほうがうまく行きます。

まずは、お客様の要望をしっかり聞き、お客様が必要としている情報を提供しましょう。

030 まず お客様の立場になって警戒心をほぐすことに注力

POINT
難易度 ★★★★☆
実用性 ★★★☆☆
即効性 ★★★★☆

ダメ営業スタッフだったときの私は「商品の良さを伝えれば商品は売れる！」と信じ込んでいました。出会ってすぐのお客様に対して、自社商品のメリットについて「当社の商品はこんなに優れているんですよ！」と力説していたのです。ところが、お客様はまったく話を聞いてくれません。当時の私は「まだまだトークが甘いんだな。もっと練習しないと」と勘違いし、間違った努力をするようなりました。その結果、トークを練習すればするほどますます売れなくなったのです。

しまいには「最近のお客様は質が悪くなったなぁ」などとお客様のせいにしだします。これを本気で思っていたのですから、お客様から相手にされなかったのも当然です。**お客様は今抱えている問題を解決するために相談をしに来た**のであって、私の身勝手な話を聞きに来ているわけではありません。

流ちょうに話せるように練習しても、話す内容を吟味しても、的はずれだったのです。

お客様は出会ってすぐの人の話を真剣に聞こうとは思っていません。たいていのお客様は「営業スタッフは、都合のいいことしか言わない」と思っています。

そこへ、商品の良さを力説したところで嫌われるだけです。


トップ営業スタッフは〝出会ってすぐのお客様は警戒心が強い〟ということをよく知っています。聞かれてもいないことを勝手に説明しても、相手は警戒を強めるだけです。

ですから、**警戒心を解くことだけに集中します**。

- お客様が話しやすい話題から入る
- 自分はお客様の味方ということを伝える
- 共感できるフレーズを言う

様々な工夫をして「この人ならば、いい相談相手になりそうだ」と思ってもらうようにしているのです。**出会ってすぐのお客様に対して売り込みトークをやめて、警戒心を解くトークに**変えましょう。それだけでも、お客様の反応はガラッと変わります。

031

初対面の相手から信頼され懐に飛び込むテクニック

POINT
難易度 ★★★★☆
実用性 ★★★★☆
即効性 ★★★☆☆

お客様から話を聞いてもらうためにまずは〝警戒心を解く〟ことからスタートします。これは対面でもリモート営業でも変わりません。私が工夫していたやり方を紹介します。

初めてのお客様に対してしっかりと挨拶して、次のようなトークをしていました。

「〝ゆっくり検討したい〟とおっしゃる方が多いのですが、お客様もそうでしょうか？」

このように投げかけると、ほとんどのお客様は「そうなの、じっくり考えようと思ってね」とスッと答えてくれます。いきなり売り込まれればより一層警戒心を持ちますが、お客様に寄り添った話をすれば安心感を持ってもらえます。お客様に共感してもらえるような質問をすることで警戒心を解いていったのです。

ただ、手ごわいお客様もいらっしゃいます。警戒心が解きにくい場合もあります。

「何か買わされるのでは……」という不安感はそう簡単にはぬぐえないのです。そういったお客様には、商品の一部に関して「これは使いにくいのでおススメしません」といった相手の予想と違うトークをしてみましょう。「こちらの商品がおススメです」と売り込んでくる営業スタッフが多い中、その逆を言ってくる営業スタッフはほとんどいません。

売り込みと逆をすることで相手の警戒心を解いたのです。

このトークは、確かに効果的ですが、一歩使い方を間違えると「何で商品を否定するの？　自社商品に自信がないのか」と不審がられるかもしれません。私は、そういうことも予測して、先に予防線を張りました。「不親切なスタッフは、このタイプの商品をススメてくるので注意してください」と言って、どうしておススメしないのか説明しました。

お客様との会話の中で、**相手が疑問に思うこと、不審に思うことを、解決することで警戒心を解いていく**のです。そして、間接的に「私はそんなダメな営業スタッフではありませんよ」と伝えることができます。裏を返せば「私は成績がいいので安心ですよ」と言っているようなものでもあります。

新人で実績のない人は「すぐに話を進める営業スタッフはおススメしません」というようにアレンジしても効果的です。

032

お客様はなぜあなたを選ぶ？
違いを3秒で伝える努力を！

POINT

難易度 ★★★★☆
実用性 ★★★☆☆
即効性 ★★★☆☆

営業としてこの道に足を踏み入れて、今では営業コンサルタントをしている今まで25年以上、様々な営業の方とお会いしてきました。できる営業スタッフの特徴といっても様々です。

- パワフルで饒舌《じょうぜつ》なタイプ
- 口数は少ないがコツコツとやるべきことをするタイプ
- 人に好かれ、人脈を作るのがうまい人
- 家族的な付き合いをして紹介受注が多いタイプ
- リモートで力を発揮するタイプ

まさに十人十色ですが、ひとつ共通点があります。２つの例を紹介します。

まず1人目は、地方の土地の仲介のトップ営業スタッフMさんです。彼は、お客様にお会いしたときに必ずこう言います。

「はじめまして、Mと申します。私は代々〝不動産の家系〟でして祖父の代から三代続けて不動産に関わる仕事をやっております」

Mさんは年が若く、お客様から「新人営業スタッフだから経験が浅いので不安」と思われがちでした。このように伝えることで、お客様に「不動産を仕事にしてきた家系なのね、若いけど頼りになりそう」という印象を与えられるようになったのです。

２人目は車の営業スタッフをしているKさんです。長年トップの成績を残しています。

「私はこの業界に入って24年ですから、業界の裏の裏まで知っています」

Kさんはこう自己紹介をします。この一言で、Kさんは「〝ただのおじさん〟→〝キャリアがあって裏事情に詳しい人〟」に変わったのです。

言い方はそれぞれ異なりますが、営業のトップに立つ２人は、**お客様と出会ったとき一瞬にして〝他の営業と自分の違い〟を伝えた**のです。

多くの営業スタッフがいる中、お客様はどうしてあなたを選ばなくてはならないのでしょうか？　その理由を考え、その理由をお客様に3秒以内にわかりやすく伝えるのです。

それができれば、その他大勢の営業スタッフから抜け出すことができるようになります。

033

お客様の未来を鮮やかにする〝ビジョントーク〟を活用！

POINT

難易度 ★★★☆☆
実用性 ★★★☆☆
即効性 ★★☆☆☆

お客様にいろいろな質問をして要望をヒアリングしていきます。その質問のひとつに〝ビジョントーク〟と呼ばれるトークがあります。ビジョントークとは、簡単に言えば**〝未来予想図を引き出す〟**といったものです。

住宅営業の例で説明します。

「広くなったリビングでどんな過ごし方をしたいですか？」

「新しくなったキッチンで何を作りますか？」

「趣味のものを書斎に飾ったらどんな気持ちになりますか？」

考えればいろいろと出てくるものです。こんな質問をされると、お客様は新しい家に住んだときのことをイメージしてワクワクします。**どのような営業スタッフだとしても、商談や打合せで必ずビジョントークをしているものです。**

ここで質問です。あなたはお客様に対する質問の中で、ビジョントークの割合がどれくらい占めているでしょうか？

10パーセントでしょうか、それとも30パーセントくらいでしょうか。「30パーセントかな」と答えた方はきっと成績上位だと思います。トップ営業スタッフになればなるほど、その割合が高くなります。「ビジョントークが半分を超えている」営業スタッフはかなり優秀です。

一方、苦戦している営業スタッフはビジョントークの割合は少なく、10パーセント未満の場合もあります。

・商品の性能の話
・他社の比較
・お金や値引きの話

まずは自分の接客や商談で**「ビジョントーク割合がどれだけあるのか？」**といった観点でチェックしてみてください。事前に用意しておくと便利です。

10パーセント↓20パーセント↓30パーセントと徐々に割合を上げていき、最終的には50パーセントを目指してください。

034

不安を消すビジョントークでお客様からの信頼を勝ち取る

POINT
難易度 ★★★★★
実用性 ★★★★☆
即効性 ★★★★☆

ビジョントークについて、もう少し考えてみましょう。ハウスメーカーの営業スタッフ時代、私は主に注文住宅を担当していました。注文住宅は契約後に家を建てますから、お客様の目の前に商品は存在しません。ビジョントークで購入後の生活をイメージしてもらうことが重要になります。

例えば、このような感じです。

「もし家を建てたとしたら、住んだ1カ月後はどんな生活をしていると思いますか？」

この質問に対して、ほとんどのお客様はいいイメージを答えてくれます。

「リビングが広くなるので、子どもが自由に飛び回っているのでは」

「風呂で足を伸ばしてゆっくり入っていると思うよ」

未来のイメージを浮かべることによってモチベーションはさらに上がっていくのです。

ただ、お客様の中にはこの質問が仇《あだ》になる場合もあります。未来に対してネガティブなイメージを持っているお客様も少なからずいるからです。

- ローンが払っていけるか心配
- 子どもが部屋に閉じこもるかもしれない

ネガティブなことを口にして、モチベーションは下がってしまうこともあります。

しかし、この質問は重要です。これでお客様の持つ潜在的な不安を引き出すことができるのです。そして不安をなくす、もしくは軽減する提案をすればいいのです。

例えば、先ほどの「子どもが部屋に閉じこもるかもしれない」という不安に対して、私は次のような提案をしました。

「リビングを通らないと２階に行けないリビングアクセスはどうでしょう。これだと、ご家族とのコミュニケーションもうまく取れるはずです」

お客様の不安を聞き出し、解消するのも営業のひとつなのです。

購入後のビジョントークでポジティブだけでなくネガティブな部分も引き出してください。その不安を解消したあなたは、間違いなく契約率が高まっていきます。

035

自分で実際に使ってみるから具体的なアドバイスができる

POINT

難易度 ★★★☆☆
実用性 ★★★★☆
即効性 ★★★★☆

私の古い友人K君は慎重派で、物を買うときは研究に研究を重ねた上で購入するタイプです。そのK君が20万円を超えるパソコンをその場で衝動買いしたと言います。不思議に思い、K君にそのことについて尋ねると「店員さんが〝私もずっとこれを使っている〟と言っていたから」との返事でした。

人は、メリットをどれだけ説明されても納得しませんが、店員さんの**「私も使っています」という一言を信じたりする**ものです。

このトークをマスターしている店員さんは、きっと成績がいいでしょう。

私自身もこの店員さんと同じようなトークを使っていました。いろいろな話をしても納得しないお客様に対して「私も自社の家に住んでいますから、よくわかるんです」と伝えることもよくありました。その途端、納得してくれるお客様も多くいらっしゃいました。

トップの営業スタッフは必ず「私も使っています」といったニュアンスをトークに織り交ぜます。これはどんな業種でも共通して言えることです。あなた自身が自社の商品を使っているのであれば、すぐに試してください。非常に効果的なトークを展開できるようになります。

ただ、使っていない場合や使うことのできない商品というケースもあるかもしれません。そんなときの代替案として〝お客様から聞いた体験談〟を伝える方法があります。

私自身も自社の商品を購入する前は「先日お客様のうちに行きましたら部屋いっぱいに本がありましてね。そのときに床強度が強いことを実感しました」といった伝え方をしていました。

このように、**体験を語ったほうが何倍もお客様は聞いてくれます**。同じ説明でも「床強度は通常の１・５倍です」ではお客様には響きません。そんなことはカタログに書いてあるのです。

すでに買って頂いたお客様に使って頂いた感想をヒアリングしてみましょう。

カタログの情報をそのまま伝えるのではなく、実際のお客様の生きた情報を伝えてください。

036

FAQはリスト化して覚える瞬時に答えてリズムをつける

POINT

難易度 ★★☆☆☆
実用性 ★★★★☆
即効性 ★★★★☆

大学の授業前に学生と雑談をしていると「最近、チェーン店の居酒屋でバイトを始めたんです」と言ってきました。先生にも来て欲しいということで一度行ったことがあります。注文を取りに来た彼に「このお店は何がおススメなんだい？」と聞くと、少し考えて「ここは何でもおいしいですよ」という返事です。何でもおいしいという回答は間違いではありませんが、これはせっかくのチャンスを逃すことになります。

彼は私の営業の授業を受けています。

せっかくなら、その授業で習ったことを居酒屋で実践して欲しいと思い、彼に「おススメの品ベスト3を常に用意しておくといい」とアドバイスしたのです。

後期の授業に現れた彼は「あれからどんどん注文が取れるようになって、時給も上がったんですよ！」と嬉しそうに報告してくれました。

トップクラスの営業スタッフは、そのあたりも抜かりがありません。

「おススメは何でしょうか？」

「御社の商品の特徴は何ですか？」

「その商品を買ったことで得られるメリットは何ですか？」

こういう質問に対して、瞬時に明確な答えを言える準備をしています。

彼らは自分が扱う商品についてよく知っています。どういった特徴があり、どんなメリットがあるのかを熟知しているのです。また「イチオシ」や「人気ベスト3」など、よく聞かれそうこともキチンと押さえています。

先日お会いした店員さんは、その質問に対して「絶対にこれですよ」と**イチオシ商品を間髪入れずに自信を持って回答してきました**。

こうした人からは非常にいい印象を受けるのです。

「商品の売りは何ですか？」といった**お客様からの頻繁に尋ねられる質問（FAQ＝Frequently Asked Questionsの略）に、はっきり自信を持って答えられるように準備**しておきましょう。

037 トークは設計図通りに進める 誰もが見落としがちな話し方

POINT
難易度 ★★☆☆☆
実用性 ★★★☆☆
即効性 ★★☆☆☆

これまでに、**話し方を意識したことはありますか?** 実は営業では、話す内容より話し方がとても重要なファクターなのです。

企業で営業の研修をする際、メニューのひとつに〝トークの設計図を作成する〟というものがあります。営業スタッフそれぞれに、ベストのセールストークを〝設計〟してもらいます。すると、必ず「トークは行き当たりばったりのほうがうまく行くよ」いう声が出ます。しかし、それはほんの一握りです。ほとんどの場合、アドリブよりもしっかりと組み立てたトークのほうがはるかにうまく行きます。

トークの設計図は十人十色です。人それぞれ個性が違うわけですから、単純に比較するわけにもいきません。しかし、トークの設計図を活用しても、結果が出る人と出ない人に分かれます。いろいろと検証していく中で、結果が出る営業スタッフには特徴があることに気がつきました。

それは**〝話し方が自然〟**ということです。結果を出すスタッフはテンションもあまり高くなく、いつもと同じ話し方をします。

一方、売れていないスタッフは「ちょっと大げさに説明しないと伝わらない」と思っているのか、いつもより声は大きいし、テンションは高めです。「この調子で説明されたら、どんなお客様でも逃げちゃうよ」という印象を受けます。

〝すぎる〟説明は、テレビショッピングのような「対マス」ならばいいのですが、「対個人」ではいい結果には結びつかないようです。

こういう失敗は、新人ではなく少し経験を積んだスタッフが陥りがちです。営業経験が長くなると、営業独特の言い回しや話し方が癖になってしまうものです。**「友達との話し方と学校の先生と話すときを足して2で割った感じで話してください」**と研修では説明します。いきなりは難しいと思いますが、徐々に自分本来の話し方に戻してください。

本来の自分の話し方に近づけば近づくほど、お客様から警戒されずうまく行くようになります。

038

商談では単語ひとつに気を遣う相手が身近に感じるチョイス

POINT

難易度 ★★★☆☆
実用性 ★★★☆☆
即効性 ★★★☆☆

営業トークで自然に普段の会話のように話せるようになったとします。

〝いかにも営業スタッフです〟といった話し方から、〝いつも通りの自然な雰囲気〟で話ができるようになれば、お客様の警戒のガードは大きく下がります。ただ、話し方が良くなっても、**内容がわかりにくければお客様にあなたの想いは伝わりません**。「これは説得力のある説明だ」と思っていたトークがお客様にまったく伝わっていなかった、なんてこともよくあります。

最近は電話よりもメールでの営業のアプローチが増えました。

ある会社から「御社の研修を多くの会社に紹介したい」とのメールが届きました。「ちょっと怪しいな」と思いながらも、まずはＺｏｏｍで話を伺うことにしました。

話してみての第一印象は、画面越しだったものの、悪くありません。服装も髪型も清潔感があり好感が持てますし、話し方も自然で誠実な雰囲気を醸し出しています。話し始めてすぐに怪しさは感じなくなったのです。

しかし、言葉を交わすたびにどこか気持ちの悪さが増していきます。理由は、会話の中に〝リード〟という言葉が頻繁に出てきたからです。

担当者から「お客様やクライアントへのリードで……」と話をしてきます。話の流れから「リードというのは、おそらくアプローチとか提案のこと」と予想はつきましたが、モヤっとした気持ちをずっと感じていました。

結局、20分ほど話をしてＺｏｏｍでの打合せを終えました。話が終わった後、ネットで調べると、「リード＝手がかり、第一歩」とわかりました。おおよそ私の予想は間違っていませんでしたが、調べるまで非常に気持ちが悪かったのです。

おそらく、この担当者は普段から使っている言葉なのでしょう。お客様によっては質問してくる人もいるかもしれませんが、それはほんの一部。多くの人は「リードってよく意味がわからないけど、まあいいや」と思いながらそのまま話を聞くことになるのです。

営業の基本は、**〝お客様が理解できる言葉を使う〟**ということです。その基本を押さえないと、結果は出ません。

039
そのままお客様に伝えない相手の言葉に翻訳する

POINT
難易度 ★★☆☆☆
実用性 ★★★★☆
即効性 ★★★★☆

研修先の営業スタッフTさんと話をしたときのことです。Tさんは中途採用で他業種からの転職組です。まったく関係ない業種からの転職で、しかも営業職も初めてです。中途採用の人を雇う場合「経験者のほうがいいのでは」と考え、似たような業界から人を探したくなります。しかし、経験者は長年にわたる勤務による〝変な癖〟がついていることが多く、思ったより結果が伴わないことが多いものです。

その点、Tさんは経験がなかったため、変な癖もなく素直に営業の基本を学んでいきます。そして、順調に結果を出していきました。そのTさんが仕事を始めて感じたのは「現場監督や設計担当が何を言っているのかわからない」ということです。

私が勤務していた会社にも、やたらと難しく話をする人がいます。何度聞いても「何を言いたいのかわからない」と思いました。ベテランで、しかもお客様の前に出ないスタッフはこういったタイプになる傾向が強いのです。

Tさんは営業活動のひとつとして「設計担当の話を翻訳して伝えるのが私たちの仕事です」とお客様に話していました。この一言を聞いただけで「だから、結果が出るんだな」と私は納得しました。ダメ営業スタッフは専門用語をそのままお客様に伝えます。そのほうが「プロっぽくていい」と思い込んでいるからです。

専門用語だけではありません。

あなたの周りにも「コンセンサスを取ってください」と難しいカタカタ用語をやたら使う人がいませんか？　意味は概《おおむ》ねつかめますが、できるなら「みんなの合意を取ってください」と言って欲しいものです。

お客様は営業スタッフから言われた説明に対して、「頭が悪いと思われたくない」という思いから、理解できたフリをします。そのときは納得したような顔をしていますが、ほぼ理解していないのです。

結果を出している営業スタッフは、専門用語や難しいカタカナ用語など一切使いません。誰でも理解できるような表現でお客様にわかりやすく説明するのです。**「各部署のスタッフの言葉を翻訳する」**と考えてみてください。そう考え方を変えるだけで、話す内容はガラッと変わります。

040

終わりの時間をしっかり決め従来よりも集中した打合せを

POINT

難易度 ★★★☆☆
実用性 ★★★★☆
即効性 ★★★★☆

私がトップ営業スタッフになったころのことです。

営業成績が上がり、仕事量は増えどんどん忙しくなりました。商談件数も増え、契約後のアフターケアにも時間を取られるようになったのです。同じ日に数件の商談と打合せでスケジュールがいっぱいになり、ときに予定時間をオーバーしてしまうこともあります。

約束の時間にひとつ遅れると、次の約束にも遅れ、お客様をお待たせすることになります。これでは時間通りに来て頂いたお客様に迷惑をかけてしまいます。

だからといって「悩まないで早く決めましょう」とは言えません。時計をチラチラ見ながらの商談では私とお客様、互いにいいことはなかったのです。

このときの経験から、私は商談前に「今日は13時15分から14時30分まで75分の打合せとさせて頂きます」と終了の時間をしっかりと決めました。終わりの時間を決めると、お互いに集中力が高まります。短時間で今までより充実した打合せができるようになったのです。

ひとつ、事例を紹介します。

私が顧客管理のシステムソフトの説明を受けたときのことです。１時間くらいの予定ということで商談が始まりました。営業スタッフは資料を使い、あれやこれやと説明を始めました。商品説明の前に会社の概要についての説明がありましたが、この時点で20分以上経過しています。

「これは長くなりそうだ」と思いながら説明を聞きました。結局２時間以上話を聞きましたが、何のことかサッパリ理解できなかったのです。

話すほうの営業スタッフは話に夢中ですから、時間を短く感じます。一方のお客様は「いつになったら終わるんだろう」と不安なまま話を聞いているのです。

これではいくら熱心に説明してもお客様には伝わりません。それよりも「これから10分ほど会社概要、その後20分ほど商品の説明をさせていただきます」と最初に言われたら安心です。

時間は限られています。自分の時間だけでなくお客様の時間も奪わないためにも、**終わりの時間とスケジュールをしっかり決めてから商談をスタート**させてください。

041 説明は腹八分目でやめておく しゃべりすぎは評価が下がる

POINT
難易度 ★★★☆☆
実用性 ★★★★☆
即効性 ★★★☆☆

あなたの周りに〝話は面白いけどお腹いっぱい〟という人がいないでしょうか？　私の知人はランチや飲み会でいつも話題の中心になりたがります。話し出すとほぼ独壇場になってしまい、他の人が口をはさめなくなるのです。

私は大勢の前で自分の話を披露したいと思うタイプではありませんが、さすがに聞きっぱなしでは疲れます。相手を気にせずしゃべり続けるタイプはやっぱり敬遠されます。

リアルのコミュニケーションではある人が10分以上話し続けると嫌気がさします。これがZoomなどの**画面越しになると、我慢できる時間が半分以下になります**。誰かが5分も話し続ければ、そのルーム自体がシラケていきます。

ただ、リモートでは直接の会話でないため、冷めた空気感を感じにくくなります。シラケていることに気づかず、そのまま10分、15分と話し続けてしまう人もいます。

このようなタイプは面白いネタを持ち、トークのスキルも長《た》けています。ただ、空気を読まず話しすぎてしまうと、長所が短所になってしまうので注意しなければいけません。

これは営業スタッフがビジネストークでやってしまいがちのミスです。

先日、リモートで商談をした営業スタッフは、教育プログラムについて詳しく丁寧に説明をしてくれました。最初は「熱心でいい人だ」と思っていましたが、説明が長くなるにつれ、聞いているのが辛くなりました。最後は「説明はいいから早く入会させて」と思っていました。私にとって必要なことだったので入会しましたが、迷っていたら入会を見送っていたでしょう。

知識があり、説明上手な人は得てしてそれがネックになることがあるのです。どんなに素晴らしい説明であっても聞きすぎれば誰でも嫌になります。お客様に説明する際は、まずは「この説明を必要としているか？」をチェックした上で説明してください。ポイントは、**「もう少し説明を聞きたいな」と思うところで止めること**です。

リモートなら5分、リアルなら10分程度で「もっと詳しい説明をご希望ですか？」と一言かけるとよいでしょう。

夢中になり説明しすぎで、せっかくのチャンスを失わないようにしましょう。

042

デキる営業は上手くつなげる 絶妙の着地点を探り一歩譲る

POINT
難易度 ★★★★★
実用性 ★★★★☆
即効性 ★★★★☆

結果を出している人、営業のトップという人は交渉術に長けています。それは間違いありませんが、〝巧みな話術で自分に有利にことを進める〟わけではありません。ベテランのトップ営業スタッフになれば、お客様をうまく丸め込むスキルは持っているものです。しかし、それを敢えてしません。なぜかと言うと、目の前にいるお客様と長期的にお付き合いをしようと考えているからです。成約となっても営業の仕事は続きます。決めなければいけないことが結構あるものです。いくつか例を挙げてみましょう。

- 値段はいくらで、値引き額はどれくらいになるのか？
- 納品時期はいつになるのか？
- 支払方法、手数料はどちらが払うのか？

いろいろと交渉することがあります。相手は様々なわがままを言ってきますが、その条件をすべて呑《の》んでいてはビジネスになりません。営業スタッフは、お客様の要求をうまくかわしながら話を進めなければいけないのです。

基本的には**50：50でお互いにメリットがある着地点を探っていきます。譲るところは譲り、主張するところはしっかりと主張します。しかし、最後のひとつは「これは、私のほうで何とかします」として、一歩譲る**のです。最後に自分の意見が通った相手は「うまく交渉ができた」という満足感が残ります。

知人でディベートを得意としており、相手を論破していい条件をもぎ取る人がいます。ときには契約違反を指摘して違約金をもらうこともある出し入れの激しい人です。一見、得をしているように見えますが、ほぼ儲かっていません。ビジネスライクに「この部分に関しては違約違反ですから○万円払って頂きます」と言ってくるような人と長く付き合いたいとは思いません。長期的に見れば損をすることになるのです。

売り手と買い手のちょうどいい着地点を探り、そして最後は相手に譲る。これが最強の交渉術です。

コラム③　お客様がわかる言葉を使う

今まで、商談のときはプロらしく難しい説明や専門用語をどんどん使ったほうがいいと思っていました。お客様にしていたトークを振り返ってみましたが、難しく説明しすぎていた気がします。それに、専門用語を正しく理解していたかといえばあやしい感じです。

多くの営業スタッフがその罠にハマるんだよ。難しい表現をすべてやめて、誰でも理解できるトークができたら最強だよ。新人のころに先輩に言われたのは、「小学生の子どもでもわかるように話すよう意識しろ」ということだったな。

確かに、小学生にわかるように話せば、どの世代にもわかってもらえますね。誰でも理解できるようにトークを変えてみます。

簡単な表現にしたら、この業界以外の友達や親兄弟にチェックしてもらうといいよ。この業界とまったく関係ない人に話すことがいいんだよ。そういった人たちに伝わらなかったらトークを練り直しだね。

なるほど。さっそく今晩弟にトークをしてみます。トークにしても、私は思いつきで話していました。まだ余裕がなかったこともあるのですが、お客様の立場から理解しやすいようにトークを組み立てていなかったように思います。

どの順番で何を話すかというのは大切だね。それに自分だけ話していても、お客様は飽きてしまうから、話してもらわないといけない。その配分も考えて組み立てないとね。

第4章

デキる営業の武器④

クロージング・アフターフォロー

043

一方的な情報提供は共感度0 説得せずに、相手に語らせる

POINT

難易度 ★★☆☆☆
実用性 ★★★★☆
即効性 ★★★☆☆

ダメ営業スタッフ時代のことです。私の成績は芳《かんば》しくなかったため、何度も研修を受けました。

ほとんどの講師は、教壇に上がって〝講義〟か〝講演〟のようなものを一方的に話して終わりというものです。まるで〝学校の授業だな〟と思いました。

研修を受けたときは、〝今日はいい話を聞かせてもらった〟と思うものの、3日も経てば、そのときに学んだ内容はほとんど頭に残っていません。ただ、座って聞くだけでは、ほぼ役に立たないと実感したのです。

しかし、このときの経験が、その後の私にとってとてもいい経験となりました。

現在、私は企業から依頼があり研修をさせて頂いております。その研修は、受講者がただ聞くタイプだけではなく、お互いに話をするワークショップ形式を多めに取り入れています。

受講者が自分で考えたことや話したことは記憶に残り、ただ聞くだけより何倍も実行してもらえるのです。

これは、お客様とのやり取りでも同じことが言えます。

営業スタッフからの説明を聞いただけで、「じゃあ、購入しよう」というお客様はほとんどいません。逆に、説得されればされるほど買う気がなくなります。

トップの営業スタッフは〝お客様というのは、説得されて買わされるのを嫌う〟ことを熟知しています。デキる営業スタッフは〝説得する〟のではなく、〝お客様に質問をして〟商品について何か話をするように誘導しているのです。

例えば「この商品について何かご存じのことはありますか？」と質問したとします。「友達が使っていて、いいと言っていました」とお客様が商品について話してくれれば、購入へのモチベーションが一気に高まります。お客様を説得してクロージングするのではなく、お客様に商品について語ってもらったほうがいいのです。

こういったことを**〝自己説得効果〟**と言います。商品説明や説得の時間を減らし、お客様にその商品について話してもらう時間を長くするようにしましょう。お客様が話す時間が長くなるにつれ、話がスムーズに進むようになります。

044

人は上から目線の助言を嫌う
自ら価値に気づくように誘導

POINT
難易度 ★★★☆☆
実用性 ★★★☆☆
即効性 ★★★☆☆

ある日のゴルフでのことです。突然スコアが崩れました。あまりにもヒドイ崩れ方だったため、知人が「タイミングが早い気がするけど、どうかな？」と声をかけてくれました。その一言で「そうか、体の開きが早かったのか！」と私は気がつきます。それからは調子が戻り、結果的にいいスコアでラウンドできたのです。

この知人のように**〝自分で気づくようなアドバイス〟**をしてくれる人は稀有《けう》で、とてもありがたいものです。アドバイスする人は、たいてい細かく〝あれをしろ、これをしろ〟と言ってきます。良かれと思ってのアドバイスでしょうが、受ける側からすると、逆に迷いが生まれ、ますます泥沼にはまってしまいます。

商談をしているお客様が、決断できずに迷っているとします。状況的には、どう考えても今決断したほうがいい感じです。そんなときは、思わず「今が買い時です。先延ばしにしたら絶対損しますよ」と言ってしまいがちになるものです。

こういう〝アドバイス〟は、お客様の決断の後押しになりません。逆に、拒否されるだけです。

できる営業スタッフは、そのような言い方はしません。

買い時にお客様に対して「今購入するのと、３カ月待ってから購入するのではどちらがいいと思いますか？」と聞きます。すると、お客様は少し考えて「やはり、今購入したほうがメリットはありそうですね」と答えることが多いのです。

お客様自身が自ら気づいたほうが話は良い方向へ進みます。

これは、部下に対しても同様のことが言えます。

スランプの部下に「もっと商談数を増やさないとダメだ！」とアドバイスしても、部下は逆に力んでしまい、きっとお客様に逃げられることになります。追い詰めるのではなく、「どうすればいい結果が出ると思う？」と部下が〝考える〟ように誘導してあげるのです。

すると、少し考え「やはり、商談数を増やすことですかね」と自分で答えます。**人は上から目線の助言より、自分でたどり着いた答えで動くものです。**

045

押しの強いクロージングより〝商品が欲しい状態〟にする

POINT
難易度 ★★★★☆
実用性 ★★★★☆
即効性 ★★★☆☆

トップクラスの営業スタッフというと「商品の説明が上手で、お客様が必要としていないものでも買わせてしまう」といったイメージを持っている人もいるかもしれません。

私も、長い間そのように勘違いしていました。

ダメ営業スタッフのとき、クロージングに関しては〝店頭の実演販売のプロ〟もしくは〝テレビショッピングのハイテンションの人〟をイメージしてやればよいと思っていました。実演販売のプロは〝ちょっと大げさ〟なパフォーマンスで商品の良さを伝え、お客様の気持ちが乗った瞬間に「さあ、今すぐお買い求めを！」とクロージングをかけます。

私は、それが〝最強のクロージング〟だと思っていたものです。

実際のトップ営業スタッフはというと、まったく違うクロージングをしています。トップ営業スタッフは派手なパフォーマンスなどしません。むしろ逆で、冷静にお客様の要望をヒアリングしていきます。商品説明はほぼせず、じっくりとお客様が悩んでいるところ、必要としているところを聞いていくのです。それを重ねていくと「ここを解決すればいいんだな」というポイントが見えてきます。

そこまで押さえて、「こうすれば解決できますよ」とそっと提案する感じなのです。

トップ営業スタッフはお客様の悩みを聞き込んで、的を射た解決策を提示します。この時点では商品説明をしていないこともよくあります。それにもかかわらず、お客様は買う気満々です。

この状態になっていれば、どんなクロージングトークをしても決まるのです。

凄い人のトークには特徴があります。それは、商品について説明する前に、すでに〝**お客様が商品を欲しい状態にしている**〟ことです。こうなればトークやクロージングが多少甘かったとしても話はうまく進むものです。

お客様の悩みをしっかり聞き込んでいけば、必要なものが見えてきます。その解決方法をそっと目の前に置くようにしてください。

お客様は「ぜひ、売って欲しい」と思うようになるでしょう。

046

クロージングは下手《したて》に出ない交渉に戻れる言い方をする！

POINT

難易度 ★★★☆☆
実用性 ★★★★★
即効性 ★★★★☆

お客様と商談をしていたときのことです。競合もなくスムーズに話が進んでいました。3回ほど商談を重ね、いよいよクロージングです。

見積書などすべて提出し、説明し終わったところでガチガチに力みながら「ぜひ、この条件で契約させてください。よろしくお願いします！」と決断を迫ったのです。

しかし、お客様からは「う〜ん、もう少し検討したいので……」と歯切れの悪い言葉が返ってきました。結局、このお客様とはアポイントが途絶え、自然消滅したのです。

「この商談はもらったぞ」と思ったお客様にあっさり断られた経験は、営業なら一度や二度はあるでしょう。営業としてはとてもダメージが大きいものです。

私は長い間、クロージングとは〝お客様にお願いするもの〟だと思っていました。

だから、どうしても「契約させてください」と下手に出てしまっていたのです。

そうなると、お客様は条件反射的に「もう少し考えたい」と答えがちになります。

売れる営業スタッフは、過去の私のようにガチガチに力んで「ぜひ、契約させてください！」とは言いません。

「これで話を進めることもできますが、どうされますか？」とサラッと言います。

商品を気に入り、条件面で納得しているなら、お客様はお願いされなくても自分から話を進めます。

話を進めるかどうかを決めるのは、**あくまでもお客様というスタンスなのです。**

ただ、優柔不断なタイプのお客様に対して「どうされますか？」と問うと、「どうしましょう……」と決断できないことが多くあります。

その場合は「話を進めてもいいですか？」といった言い方が効果的です。

この聞き方の最大のメリットは、もしＮＯだったとしても「では、もう少し相談しましょう」と商談へ戻れることです。

このやり方なら、経験が浅い人でもクロージングができるようになります。

047 クロージングするなら次の手を用意しておく

POINT
難易度 ★★★☆☆
実用性 ★★★★★
即効性 ★★★☆☆

営業は、0か100の世界です。

競合がある場合、1位以外はすべて負けになります。お客様が5社検討していて、その中から1社1社と落ちていき、最後に残ったが「惜しくも2位！」では意味がありません。うまくクロージングして契約となればひと花咲きますが、競合に負ければ泥まみれの敗北です。

つまり、クロージングがいかに重要かということになります。

しかし、お客様というのは営業スタッフが必死であればあるほど、その必死さが伝わり怖くなって逃げていくというものです。

私自身、よくそんな経験をしました。満を持して「これで決めて頂ければ、あと○万円値引きします。ぜひ契約してください！」という必死のクロージングをします。

これが、私にとって最後の一手です。

お客様の立場から考えると、そんなことをされても困ってしまいます。結局、私からの〝圧〟が煩わしかったのか、必死のクロージングは空振りに終わりました。

一方、トップを張る営業スタッフは、どうクロージングしているのでしょうか？

もちろん、商品を購入して頂けるように真剣にクロージングはします。しかし**「今日は難しいかもしれない」と判断すれば無理はしません。用意していたツールを見せ、サラッと次の手に進む**のです。

例えば、お客様から「でも、今すぐにというわけではないので。今日は決められませんね」と言われたとします。

そこでゴリ押しせず「わかりました。それでは資金のシミュレーションについて、もう一度詳しく打合せさせて欲しいのですが」と言って、別の方向に話を向けます。一度断ったお客様は負い目もあるので「じゃあ、シミュレーションだけやってもらおうかな」と言う確率は高くなります。強引に行くよりは、何倍もいい結果になるのです。

一発勝負ではどうしても強引になってしまいます。次の手を用意して、余裕を持ったクロージングをしましょう。

048

相手の僅《わず》かな心の動きを読みクロージングからアップセル

POINT

難易度 ★★★★★
実用性 ★★★★☆
即効性 ★★★☆☆

営業のノウハウというのは、本を読んだり、営業の上手いスタッフからのアドバイスだけではなく、身近なところから教えられることもあります。

特に、**〝自分が買う〟立場になったときにいい気づきを得られる**ことがあるものです。

私が娘の塾について検討していたときのことです。

担当者の話を聞いて「ここに決めよう」と思っていました。クロージング、つまり塾の申込みの際、「今、申込みをすれば来週水曜日から授業が受けられます」と言われました。クロージングの中に〝来週の水曜日から授業が受けられる〟というメリットもキチンと埋め込まれています。もともと「問題がなければ入会しよう」と思っていたので、抵抗なく決断できました。

入会を決め書類にサインをしていると、担当者が「あとプラス○○円で、こちらの教材もお使い頂けます」と提案してきました。

クロージングが決まってからのアップセルです。アップセルとは〝購入を決めたお客様に対してオプションを提案する〟といった手法です。一度購入を決めたお客様は、財布の紐がゆるくなります。ハンバーガーを購入した後に〝ポテトもいかがですか？〟という方法と同じです。セールスとしては常套《じょうとう》手段のため、私はそのとき、〝ちょっと嫌な感じだな〟という印象を受けました。

かすかな心の動きを、この担当者は察知したのでしょう。

「これを売っても私の成績には関係ないんですよ。ただ、使いやすいからと思いまして」とフォローを付け加えたのです。

アップセルをしてもマージンがもらえない。これが事実かどうかはわかりませんが、このプラスアルファトークで「だったら信用できるかな」と思いました。

結局、この担当のおススメを購入することにしたのです。

メリットを含ませた自然なクロージングからのアップセル。これは見事です。

あなたの商品でも参考になる部分があると思います。

049
意味のない値引きには要注意
相手にその理由を必ず伝える

POINT
難易度 ★★★★☆
実用性 ★★★★☆
即効性 ★★★☆☆

クロージングで最も頭を悩ませるのが〝価格交渉〟です。

買い手は少しでも安くしたいと思い、売り手は少しでも利益を残したいと思うものです。お客様の多くは「他の人より得をしたい」と思っています。難しいのは、安易に値引きをしてもお客様から感謝はされないのです。それどころが、値引いたことでかえって不信感につながりかねないので、注意が必要です。

私は車の購入を検討したときのことです。その際、新車販売の営業スタッフから「特別に20万円値引きしますよ」と言われます。その提案に私は「何で20万円もいきなり値引きできるの？　この車は人気ないのかなぁー」といった印象を受けました。

得するのはいいのですが、明確な理由がないとちょっと不信感を抱いてしまいます。そうなると、一気に購買意欲が下がるものです。

「あなただけの特別価格です」と力んで言われれば言われるほど、信じられなくなっていきます。ただ単に値引いたり特別価格と言って迫ったりしても承諾はしてくれないのです。

商品が特別価格で安くできるのには、何か理由があるはずです。

お客様はその理由が知りたいのです。同じ値引き額でも「なるほど、その理由だから特別価格でできるのかぁ～」と納得した場合は、お客様の反応も変わってきます。

結果を残している営業スタッフは、意味のない値引きを提示したりしません。

先ほどの車の例で言えば「こちらの車ですが、この４色から選んで頂ければ20万円のコストダウンができます」となるのです。

このように特別価格の理由を説明されると、明らかに先ほどの「20万円値引きしますから！」とは違う印象になります。

お客様は値引きが嫌いなのではなく、値引きできる正当な理由が知りたいのです。

「特別価格」を提示するのでしたら、その理由を必ず付け加えましょう。

050 クロージングを断られたら手紙で起死回生をはかる

POINT
難易度 ★★★☆☆
実用性 ★★★★★
即効性 ★★☆☆☆

時間をかけて何回も商談をしていたお客様に、クロージングで断られる……。これほどダメージが大きいことはありません。

あるゼネコンの営業スタッフは、「半年かけて商談をしていたクライアントに断られたショックで、3日間食事もろくにのどを通りませんでしたよ」と愚痴をこぼしていました。どんなに凄い営業スタッフであっても、苦汁をなめることはあるのです。

営業スタッフにとって辛いのは、その断りを上司が受け入れてくれないことです。

クロージングの失敗を上司に報告すると「一度くらい断られたのが何だ、もう一度お願いしてこい！」と活を入れられたものです。そして、渋々お客様のところへ行き「もう一度チャンスをください！」と粘ったこともありました。

しかし、私の場合はやればやるほど逆効果になります。

「もう決めたことですから」と、にべもなく断られました。

これは私が買う立場になって実感したことですが、断るにもかなりの労力を使います。以前、相見積を取った会社に「お手間をかけましたが、他で決めました」と断りの電話を入れたことがありました。

その後、営業スタッフに粘られたのですが、そのたびに断らなくてはなりません。断った後にしつこくアプローチされることほど嫌なものはないのです。

こんなときこそ、アナログツールの手紙が威力を発揮します。

断った後にあれこれ言われるのは嫌ですが、手紙なら比較的抵抗なく読むことができます。**お客様というは、断りを入れてすっきりした半面「やっぱりA社じゃなくてB社のほうが良かったのでは……」という気持ちがどこか残っている**ものです。

そんなときに、こんな手紙が届いたらどうでしょう?

〝契約後は○○についてお困りになることもあるかもしれません。そのときは、ぜひ私にご相談ください〟

契約を取った会社の営業スタッフは、もしかしたら油断してフォローを手薄にしているかもしれません。**お客様は不満を持ったとき、心がグラッと傾きます**。

クロージングに失敗したら、ソフトに手紙でアプローチしてください。

051

断りの理由を鵜呑《うの》みにしない原因解明への注力が成長の糧

POINT

難易度 ★★★★☆
実用性 ★★☆☆☆
即効性 ★★☆☆☆

扱っている商品にもよりますが、ほとんどの営業スタッフは成約した数より何倍も多く断られていいものです。

業績が上がらなかった営業スタッフ時代、いろいろな理由でお客様から断られたものです。

「他社の商品が気に入りましてね」

「値段がもっと安ければねぇ〜」

「家族会議でA社にすることに決めましたから」

この理由を鵜呑みにして、「じゃあ、しかたがないな」と思っていました。もしかしたら、お客様は「菊原さんの提案はワクワクしませんし、何より頼りない」と思っていたのかもしれません。

しかし、実際にそこまで言うお客様はいないのです。

営業会議では「お客様といい関係を築きましたが、他社のほうがデザインが優れていたから断られました」と報告していました。あたかも自分は悪くないというスタンスです。これでは、何度断られても何の成長もありません。次に商談をしても、他のお客様から別の理由で断られることになるのです。

営業成績がトップのスタッフだとしても、すべての商談に勝利できるわけではありません。当然、ライバル会社に負けることもあります。その場合、たとえ「他社のデザインが気に入った」と言われても鵜呑みにはしません。

「断られた原因は、すべて自分にある」と考え、原因を徹底的に追求します。

なぜ、そんな謙虚に考えられるのでしょうか？

その理由は〝人のせいにしてはいけません〟といった倫理観からではなく、自分にとってメリットがあるからです。**トップの営業スタッフは断られたときこそ成長のチャンスとして捉えます**。断られるたびに自分自身の知識や営業方法について見直しているからこそ、トップ営業スタッフを続けているのです。

お客様から断られたとき、人や物のせいにするのか、自分自身に原因があると考えるのか？　この選択は、今後の営業人生を左右するほど重要です。

すべての原因は自分にあると考えられるようになったとき、一気に成長するものです。

052

かつてのお客様を訪れることで今のお客様へフィードバック

POINT

難易度 ★★☆☆☆
実用性 ★★★★★
即効性 ★★☆☆☆

私がトップの営業スタッフになったときのことです。

お客様のアプローチ方法を、訪問から手紙やメールを活用した、今と異なる形の〝リモート営業〟に変えたため、移動時間が激減しました。時間効率は良くなったものの、だからといって一日中事務所にいるのもストレスがたまります。気分転換も兼ねて定期点検などで、ちょくちょく購入後のお客様のところへ行くようになったのです。

購入後のお客様へ顔を出すようになったことをきっかけに、追加工事や新規のお客様のご紹介の話を頂くこともありました。

顔を出すことで関係が深まったのはもちろん、さらに意外な効果が現れてきます。それは、現在進行形で商談をしているお客様とうまく話が進むということです。**購入後のお客様と接する機会が増えたことで、お客様が後悔している点や満足している点がリアルに理解できるようになり、それを今のお客様との商談にフィードバックすることができるの**

です。

例えば、ある設備について「4年前にお引き渡ししたお客様のところへお邪魔したところ、『この設備は使いづらい』とおっしゃっていました」とアップデートしたアドバイスができるようになります。

購入後のお客様の話を交えることにより「菊原さんは買った後もきちんと面倒を見てくれそうだ」といったイメージを持って頂けます。これも好感を与えたのでしょう。商談からクロージングまで、スムーズに話が進められるようになりました。

過去の私は、一度契約をしたらほっとして気を抜いていました。

これで何度かキャンセルを食らったこともあります。

当時の私は、購入後のお客様とはさらに関係が稀薄になる傾向がありました。定期点検の日も「予定があるから」と言ってアフターメンテナンスの部門に丸投げです。そのときは「そんなところへ行っても契約が取れるわけでもないし、クレームをもらうだけだ」と思っていたからです。当然、紹介などももらえませんし、商談中のお客様から見ても面倒見の悪い何の魅力もない営業スタッフだったのです。

契約後、商品引き渡し後こそお客様を大切にしてください。キャンセルが防げて紹介が増えます。その上、モチベーションも上がるなどメリットがたくさんあります。

053

次のお客様からのご紹介は一つひとつ丁寧なお付合い

POINT

難易度 ★★★☆☆
実用性 ★★★★☆
即効性 ★★★☆☆

営業スタッフにとって、〝お客様から紹介がもらえるか〟は非常に重要な要素になります。紹介頂いたお客様とは話がスムーズに進みますし、契約率も高いからです。

長年トップの成績を維持している営業スタッフは、契約したお客様から常に一定数の紹介をもらっており、楽しそうに営業活動をしています。

一方、ダメ営業スタッフは契約したお客様から紹介がもらえず、常にお客様を探している状態です。営業を少しでも経験した人であれば〝紹介をもらえるかどうか〟が自分の成績を左右することをよく知っているでしょう。

ハウスメーカーのトップ営業スタッフとお会いしたときのことです。その方は、契約のほとんどは紹介という凄い方でした。多くの人にとって家は大きな買い物ですし、紹介したほうにも責任が伴います。ですから、そう簡単に紹介はできないものです。にもかかわらず、契約の８割が紹介からというのですからモンスターレベルに凄いことです。

その秘訣を聞いたところ、「一つひとつのイベントを丁寧にすることですね」といった返事をもらいました。もう少し具体的に聞き込んでいくと「例えば、地鎮祭にしても上棟式にしても、思い出に残るよう心がけています」と教えてくれたのです。

家づくりをスタートする前に、神主さんを呼んで「地鎮祭」という土地を利用させてもらう許しを得る儀式のようなことを行います。ほとんどのお客様は、地鎮祭をやった経験がなく戸惑います。そこで、地鎮祭を簡単な紙芝居のようなものでわかりやすく説明するというのです。

初めは「お子さんにわかりやすく伝える」ことが目的だったようですが、大人にも好評でそのまま続けているとのことでした。地鎮祭の意味と目的を理解してもらえれば、式への思い入れが強くなります。

こうして一つひとつのイベントを思い出深いものにしていくのです。

紹介をもらえる営業スタッフは、大きなことをしようとするのではなく、**〝一つひとつわずかな違い〟を積み上げています**。あなたの扱っている商品でも、こうした工夫の余地が必ずあります。

まずは、ひとつでいいのでお客様の印象に残る工夫をしてみてください。

054

お客様から紹介を受ける秘訣
期待を僅かに上回る努力を

POINT

難易度 ★★☆☆☆
実用性 ★★★★☆
即効性 ★★★☆☆

営業スタッフ時代、よくお客様を紹介してもらう先輩がいました。その先輩は仕事もテキパキとこなし、気遣いもできるタイプです。

先輩がよく言っていたのは「お客様の期待を上回るサービスを提供することが大切だ」ということです。

そのとき、私は大きな勘違いをしてしまいます。先輩営業スタッフの言葉に関して、「お客様の期待をはるかに上回るサービスをしなくてはならない」と解釈してしまったのです。ですから「サプライズ的なサービスは自分には無理だな」と挑戦すらしなかったのです。

以前、保険のトップ営業スタッフとお会いしたときのことです。

この方は、ほぼ１００パーセントの契約をお客様の紹介から取っていると言います。この方は謙遜して「僕はマメでもないですし、仕事もデキるほうではありません」とのこと。

話を聞きながらも「どうして紹介がもらえるのだろう？」と不思議に思っていました。

この方が教えてくれたのは「お客様の期待を1パーセントでも上回れば紹介をもらえる確率は上がります」ということです。

〝ほんの少しだけ上回ればいい〟ので、何も大感動を与えなくてもいいのです。

そう考えると、いろいろなアイデアが出てきます。

- 5日後に約束していた資料を4日後に出す
- 外で商談する際、時間より少し早く行っていい席を取っておく
- ちょっとしたプレゼントを差し上げる

などです。こういった些細な満足でいいのです。

お客様に凄いことをして感動を与えようと思うと難しくなります。

そうではなく、「相手の期待を1パーセント上回ればいい」と考えれば、発想は広がるものです。


お客様の期待値を、ほんの少しだけ上回る工夫をしましょう。

055 キャッチフレーズを作って紹介元が紹介しやすいように

POINT
難易度 ★★★☆☆
実用性 ★★★★★
即効性 ★★★☆☆

私は、常にお客様が枯渇している苦しい時代を経験しましたし、常にいいお客様が集まってくることも経験しました。

いい状態のときはお客様からの紹介も増えました。そのときはただ単に紹介依頼をするのではなく **〝お客様が紹介しやすい工夫〟** をしていたのです。

その〝工夫〟を紹介します。

お客様と成約後にお話をしていたときのことです。

このお客様とは、商談をしているときからいい関係を築いていました。打合せをしているとお客様が「家づくりを考えている同僚がいましてね。今度、菊原さんに紹介しますよ」と言ってくださいました。

そこで私はお客様に「同僚の方に私のことを〝一番いい資金計画を組んでくれる営業ス

タッフだ〟とご紹介ください」と伝えました。

数週間後、お客様を紹介していただき、お会いすることができました。

そのお客様はお会いしてすぐに「菊原さんは資金計画のプロですから安心して相談できます」と話してくれたのです。

相手が私のことをプロと認識して頂いたため、話はスムーズに進みます。

競合が割り込むことなく、契約となったのです。


私の場合、資金計画が得意だったため〝資金計画のプロ〟というキャッチフレーズで紹介してもらうようになってからは、紹介数も契約率も格段に上がりました。

紹介を頂くとき、ただ単に「ぜひ、よろしくお願いします」と言うだけでなく、「私のことを〝〇〇が得意な人〟とお伝えください」と伝えましょう。

その方もお客様を紹介しやすいですし、お会いしたときの印象がまるで違ってきます。


お客様に紹介してもらうときに「〇〇に強い人」もしくは「〇〇のプロ」というようなキャッチフレーズを考えてみてください。そのほうが、お客様も宣伝しやすくなります。

その上、契約率も高くなる最高の方法です。

056

〝黄金パターン〟を持って安定した営業トークを展開

POINT
難易度 ★★★★☆
実用性 ★★★★☆
即効性 ★★★★☆

トップ営業スタッフは、「こうやればうまくいく」といった〝黄金パターン〟を構築しています。対面営業でもリモート営業でもクロージングでもです。その様子を動画などで見る機会がありました。見事に同じパターンでお客様に対応していきます。決して行き当たりばったりではないことがわかります。

一方、ダメ営業スタッフはやり方がバラバラです。アドリブが多く、トークに再現性がありません。この差が大きな結果の差になってくるのです。

ハウスメーカーに勤めていたとき、私はお客様を着座に導く**〝黄金パターン〟**を持っていました。

まずは「当社の建物について何かご存じのことはありますか？」と質問してお客様に話

をしてもらいます。これで何か答えてくれたら、次は「○○ローンがお得なことについてご存じですか？」と質問するのです。

ローンの質問は、着座のための質問です。お客様が「何となく聞いたことはありますが、わかりません」と言ってきたら、すかさず「では、簡単にご説明いたしますからこちらにどうぞ」と着座を促します。この黄金パターンでずいぶん着座に成功したのです。

お客様から次のお客様を紹介してもらいたいのなら「今アパートにお住いの方はいますか？」と伺います。そこで、お客様が考えたら「学生時代のご友人とか、会社のお仲間とか、ご兄弟とかでも……」とヒントを出して促していきます。思い当たる人が出てきたら「その方にお役立ち情報をお送りしてもよろしいでしょうか？　ご迷惑はおかけしませんので」とお願いします。

そして、最後に紹介頂けたときのメリットを伝えるといった感じです。〝紹介記入シート〟などのツールがあるとさらにいいでしょう。

初対面、商談、クロージング、紹介と様々なシーンで黄金パターンを考えてください。黄金パターンがあると、接客に自信が持てるようになります。

コラム④　自己説得効果

お客様を説得しないと売れない、と今まで思っていましたが違うんですね。確かに自分が買う立場になって考えたら“人から説得されたから買う”なんてことはありませんよ。お客様は信頼した営業スタッフから買うんですよね。

そうだね。逆に、説得されればされるほど欲しいものだっていらなくなることもあるし。効果的に質問をしてお客様から“これがいいんだよね”と言わせることがポイントなんだ。商品について互いに質問し合うことでお客様の理解が深まるから、“買いたい”という気持ちが大きくなるんだよ。

やはり、うまく質問して自己説得効果を狙ったほうがいいですね。上から目線の助言だとお客様は敏感に気がつきますよね。

うん。実際に財布の紐を緩めるのはお客様だから、“自分で納得”してから手続きしたいんだよ。“納得させられる”のは、頭を押さえつけられたような気がするんだと思うよ。

ちょうど明日、お客様と約束があるので、お客様自身が納得して購入していただけるようなトークをしてみます。

結果が出たら祝杯だな。このあいだ、嫁に小遣いを上げてもらいたくて、彼女に納得してもらうように“トーク”したんだよ。それで今後は奢《おご》ってやるよ。

第5章

デキる営業の武器⑤

営業ツール・
スキルアップ方法

057 最強の武器〝営業レター〟で人間的魅力を伝える！

POINT

難易度 ★★☆☆☆
実用性 ★★★★★
即効性 ★★★☆☆

この章では、使える営業ツールを紹介していきます。

私は20年ほど前から対面での営業をやめ、遠隔で営業活動を始めていました。今で言うリモート営業です。そのときは「リモート営業で楽をしよう」と思っていたわけではなく、訪問営業やテレアポが苦手だった私の最後の一手だったのです。そのときに使っていたツールを**〝営業レター〟**と呼んでいます。**これは私が知る限り現在も最強の営業ツール**だと考えています。

これからその営業レターについて詳しく紹介していきますが、まず知って欲しいことがあります。それは、**営業レターの最大のポイントは〝人間的な魅力を伝える〟ということ**です。このポイントを押さえていないと、これ以降紹介するノウハウが機能しなくなります。人間的魅力を伝える内容は、次のようなものが挙げられます。

- こんな趣味があります
- 出身はここで、こんな学生でした
- 好きな食べ物はこれです

こうした基本情報を伝えた上で〝私は信頼に値する人間です〟ということを伝えます。

- お客様のお役に立てるよう努力をしています
- お客様のメリットを常に考えています
- 購入後こそ本当のお付き合いだと考えています

このような、短文でお客様に対する気持ちを伝えます。値段で購買を決めるお客様は別として、ほとんどのお客様は信頼できる人を探しています。こうした一文を見て「この人なら信頼できそうだ」といった印象を持つのです。〝魅力的なのに表現できていない〟という人が少なくありません。これはもったいないことです。営業レターはアナログツールの手紙やハガキでも、デジタルツールのメールやSNSでも応用できます。**営業レターでお客様と信頼関係を構築する**ために営業レターを活用してください。

058

営業レターは売込みとは違うセルフイメージをアップする

POINT

難易度 ★★★☆☆
実用性 ★★★★☆
即効性 ★★★★☆

営業レターでお客様に自分の人間的側面を伝え「この人ならば信頼できそうだ」という印象を与えます。これと同時にして欲しいことがあります。それはお客様に〝お役立ち情報〟を提供するということです。

お役立ち情報とは文字通り、お客様に「これは役に立つ」と感じてもらうものです。多くの営業スタッフは「当社のメリットを伝えなくては」と商品のスペックを送ることにやっきになっています。それに食指を動かすお客様もいるかもしれませんが、ほとんどは「これ売込みじゃないか」と嫌悪感を抱くのです。

これでは逆効果になってしまいます。

私はお客様に対して〝住んでいるお宅の失敗例や後悔している例〟を送っていました。

こういった情報を見てもお客様は売込みだとは思いません。役立つ情報として感謝してくれるのです。

扱っている商品によっては失敗例を出せないこともあるでしょう。それなら満足した例でもいいですし、〝机の周りの整理法〟など商品と直接関係なくても、お客様にとって役立ちさえすればいいのです。

第1章でも触れましたが、お役立ち情報を作る際、知って欲しい考え方があります。それは「自分から購入しなくてもいい。でも、これは知って欲しい」というスタンスが重要です。

こういった気持ちは、文章であっても伝わります。

このようにお話をすると「仏様やマザー・テレサじゃあるまいし、こちらにリターンがないとやる気がしない」と思う人もいるかもしれません。

もちろん、リターンはあります。

まず、**営業レターを送ることで「今、良いことをした」と自分にインプットできます。これだけでモチベーションが上がるのです。さらには、これが積み重なり〝セルフイメージ〟も上がってきます。**

もちろん、それが契約として結果になるのです。

059

名刺も営業レターも2つ準備相手に合わせて使い分ける

POINT

難易度 ★★★☆☆
実用性 ★★★☆☆
即効性 ★★☆☆☆

以前、独立志向の強い人たちが集まるパーティーに参加したときのことです。こういう場は積極的な人が多く、何度も「名刺交換よろしいですか？」と声がかかります。

そこで、1人の男性と名刺交換をしました。

名刺を見ると会社名、名前、住所、連絡先などの基本情報が書かれた、文字だけのベーシックなタイプのものです。名刺交換をして話をしていると、その男性は名刺入れから別の名刺を出してきました。先ほどの名刺とはまったく正反対な、デザイン重視でボランティア活動をしている写真入りの名刺です。

こちらのほうが何倍もインパクトがありました。

その人は、2種類の名刺を用意していると言います。

ひとつはオフィシャルなタイプで、お堅い企業に行ったときはこちらを出します。もうひとつの自分のことをアピールしている名刺は、懇親会などのパーティーで使うとのこと。

シーンに合わせて名刺を使い分けているのです。

先日、30代のトップ営業スタッフとお会いしました。

この方はアナログ派でお客様とお会いした際、メールではなく〝お礼状〟を送っています。これだけでもインパクトがありますが、さらに「お客様によってハガキを使い分けている」と言っていました。

年配でまじめな雰囲気のお客様には、礼儀正しいベーシックなお礼状を送ります。若めのお客様に対しては、インパクトのあるデザインのお礼状を送ります。もちろん若くても真面目で奇抜なことを嫌うお客様もいますから、臨機応変に対応しているとのことでした。

これは、私自身も〝営業レター〟でやっていました。ハガキの文面や文章は３～４パターン用意しておきます。

基本的には「顔写真＋吹き出し」のスタイルで、そこへ「今度は野球の話をしましょう！」といった形で送っていました。ただ、年輩でお堅い感じのお客様にはくだけたメッセージが逆効果になることもあります。

このあたりの**使い分けは、経験を積みながら見極めて**ください。

060

顔写真付きの営業ツールで相手に自分の印象を残す

POINT

難易度 ★★★☆☆
実用性 ★★★★★
即効性 ★★★★☆

研修で営業レターについてアドバイスをするときは、「できるだけ顔写真を載せるようにしてください」と話します。名刺にも入れたほうがいいと思います。なぜかと言うと、写真があると写真がない場合と比較して反応がいいというデータが出ているからです。

私が受け持つ講座の方から、自作の営業レターを送ってもらったことがありました。そこには、会員の方とそのお客様の子どもとが一緒に写っている写真が載っています。文章を読まずとも「お客様のお子さんと仲よさそうだし、いい関係を築いているのだろう」といった印象を受けました。写真1枚からでも、お客様とのいい関係がひしひしと伝わってきたのです。

一方、顔写真のない営業レターも送ってもらったことがあります。まず、顔写真がないのでどんな人かがわかりません。名前によっては「これは男性かな？　それとも女性かな？」と迷うこともあります。「ＡＢＣ社の渡部つばさです」では誰か思い出せませんし、男か女かも判断できません。
「会社名と名前だけのレター」と「お客様とのいい関係が伝わる写真付きのレター」のどちらがいい印象を与えられるでしょうか？　言うまでもなく後者です。営業レターには、お客様とのいい関係が伝わる写真を載せてください。そうすることで、効果は飛躍的に上がります。

これは、名刺でも言えます。
あなたが10人の方と名刺交換をして、数日後に何人の方を覚えていられるでしょうか？写真がなく会社名と名前だけの名刺では、よっぽどインパクトがない限りその人を思い出せないと思います。でも、顔写真付きの名刺だと比較的思い出しやすいはずです。たとえ、インパクトがなかったとしても「あぁ、この人ね」と思い出せるものです。

名刺にも営業レターにも顔写真を載せるようにしましょう。会社によっては名刺に顔写真を入れてもらえないといったケースもあります。そんなときは、顔写真をプリントして貼り付けてもいいのです。いろいろと工夫して、名刺も強力な武器にしてください。

061

デキる営業の時間術を真似る以前のデータを有効に活用！

POINT

難易度 ★★★☆☆
実用性 ★★★★☆
即効性 ★★☆☆☆

お客様のために作成した資料は、使い方によって宝物になり、あなたの財産になります。契約したとしても、他社に決まったとしても、その資料を保存しておくようにしてください。あなたの次の営業活動をアシストする強力なツールになるからです。私はすべてのお客様の資料を大切に保管していました。

私がいたハウスメーカーの営業は、トップとダメ営業スタッフの差が極端に開く業界です。年間1棟しか売れない人もいれば、20～50棟以上契約を取る人もいます。当たり前のことですが、契約数が増えればそれだけ仕事量は増えます。単純計算はできませんが、トップ営業スタッフはダメ営業スタッフの10～50倍も物件を担当しているのです。

そのため、トップ営業スタッフは常に時間に追われています。何も工夫せずに仕事をしていたのでは、何時間あっても時間が足りません。1年くらいでしたらもつかもしれませんが、それ以上長くなれば体を壊すこともありえます。仕事だけに注力していれば、仮に体がもったとしても家族に見捨てられることだってあります。そうならないよう、トップ営業を続けている人は自然に工夫しているものです。

トップ営業スタッフが集まる表彰式に出席したときのことです。

常にトップクラスの成績を残している方が、私に「菊原君、今日から提案書とか見積書をキチンとファイリングしておくんだ。すぐに宝物になるぞ」と教えてくれました。これを忠実に3カ月も続ければ、強力な武器になるというのです。

その後、すぐに私は提案書や見積書をわかりやすくファイリングするようにしました。効果はすぐに出ました。適当に保存してあった資料をファイリングしたことによって必要な情報がすぐに引き出せます。今まで2時間以上かかっていた提案書は、30分もかからずにできるようになったのです。

「なるほど、トップの人が言っていたことはこのことだったのか」と実感しました。

今まで作った資料を漫然と管理すれば、何も残りません。きちんと管理すれば、最高のツールに変わります。

今日から、ぜひ資料をきれいにファイリングしてください。

062 積み重ねたファイルが作るお客様からの厚い信頼

POINT
難易度 ★★★★☆
実用性 ★★★★★
即効性 ★★★★★

お客様のために作成した資料は宝物であり、あなたの財産になります。

お客様の事例のファイリングには、それ以上のメリットがあります。そのメリットとは、資料自体が強力な営業ツールになるということです。**お客様が一番見たいのはカタログのような、どこでも手に入る情報ではなく、他の人の事例**なのです。

きれいに保管しておくことによりお客様にも見せられるツール、いわゆるアプローチブックになるのです。もちろん、個人情報には気をつける必要があります。前もって承諾を頂いたお客様のみ使用しないといけません。


私は、この事例を新規のお客様との商談の際に活用していました。

お客様の要望をヒアリングしたとします。その要望に近い提案書を事例ファイルから探し「今までお伺いしたご要望ですが、だいたいこのような感じでしょうか?」とお見せします。言葉で伝えたり、一から考えたりすると時間がかかります。その点、たたき台があるとイメージが湧きやすくなります。ときには、その場で「この形でいいので話を進めてください」とお客様と一気に話が進むこともありました。

ファイルを取っておいてよかったのは、それが**一瞬にしてお客様から信頼されるツールになるということです**。お客様と商談をしているとき、「菊原さんはずいぶん成績がいいのですね」と突然、言われたのです。

理由を聞くと「だって、こんなにたくさんのお客様がいるってことでしょ」と言います。お客様は、私が保管しておいた膨大な資料を見てそう思ったのです。

お客様に対して「私は実績十分ですからご安心ください」とアピールすれば、かえって怪しくなります。事例であれば言わずとも実績が証明できます。

このほうが、いい印象を与えられるのです。

事例は印刷してファイリングしてもいいですし、タブレットに入れて見やすいようにしてもいいでしょう。

過去の**資料のファイリングは自分の時間も大幅に短縮できて、お客様にも〝デキる人〟と思われる**素晴らしい武器になります。

063

質問票で効率よくヒアリング
相手に配慮した質問と順番

POINT

難易度 ★★★☆☆
実用性 ★★★★☆
即効性 ★★★★☆

トップ営業スタッフに「ヒアリングが弱い」という人はまずいません。例外なく、お客様の要望を聞き取る能力に長けています。

ヒアリング力というものは生まれ持った才能ではなく、事前にしっかりと準備したかどうかで決まります。多くのトップ営業スタッフは経験を積んでも〝質問票〟を使っていますし、質問票を**自分だけの質問票に常にバージョンアップ**させているものです。

基本的に、質問票はお客様に答えてもらいやすい順番に並べます。お客様が答えやすい質問から入り、徐々に核心へと迫っていきます。質問票がないと、突然失礼な質問をしてしまったり、重要なことを聞き忘れたりする可能性が出ます。ヒアリングでミスをしてしまうのです。

結果を出す人は、ヒアリングの重要性をよく理解しています。お客様へ丁寧な接し方を心掛けているため、質問票を手放さないのです。

ダメ営業スタッフ時代の私は、前もって質問票を準備しませんでした。会社で用意されていた質問票を使えば問題ないと思っていたからです。お客様の警戒心が解けていない状態で、「ローンの残債はいくらあるでしょうか?」などと、相手が答えにくい質問をいきなり聞いてしまったこともあります。

こんな聞き方をしてお客様が答えてくれるわけがありません。中には気分を悪くして帰ってしまうお客様もいました。

その後、私は自ら質問票を作成し、活用できるようになります。それからは「どう質問すればお客様が気持ちよく回答してくれるだろうか」と意識するようになったのです。

質問票の一番のメリットは〝再現性がある〟ということです。

ヒアリングをしていて「今の聞き方は警戒心を解くのに効果的だった」という質問を質問票に追加します。また「この質問はタイミングが早いと空気が悪くなる」と感じたら、順番を後のほうにもっていきます。

質問するたびに、バージョンアップできるのが何よりもの強味なのです。

064

商品の弱みをあえて公表して最強の武器に変えてしまう

POINT

難易度 ★★★★★

実用性 ★★★☆☆

即効性 ★★☆☆☆

ある住宅営業会社の手掛けた家は、お客様のこだわりが詰まったものでした。柱や梁《はり》などの骨格部分から、壁やフローリングまで、天然素材の無垢《むく》材を使っています。無垢材とは合板や集成材ではなく、自然の木から切り出した木材です。自然な感じで健康的というメリットがありますが、その半面、手入れが大変というデメリットもあるのです。

この会社の営業スタッフは「無垢材の床のデメリットと手入れのポイント」という〝お役立ち情報〟をまとめてお客様にお渡ししました。

デメリットを自ら公表するというは、なかなかできないことです。

その情報をまとめて作ったきっかけは、同様の家に入居したお客様から「床のすき間にゴミが入る」というクレームがよくあったからだと言います。

無垢材は合板よりも収縮するため、冬場になると乾燥して、床のつなぎ目に少し隙間ができます。この部分に細かいゴミが入り、しかもこれが掃除機で取りにくくなるのです。

これは無垢材の泣き所です。

このデメリットを〝お役立ち情報〟として公開することにしたのです。

一見、かなりのマイナス効果に思えます。

しかし、実際送ってみるとお客様の反応はポジティブなものでした。

そのお役立ち情報を見て「それでも無垢の床がいい」と言う人が多かったのです。それどころか「それが無垢のいいところ」と、より好きになるお客様も出てきました。正直に伝えたことで「包み隠さず言ってくれるところがいい」と信頼関係も増したのです。

こういう場合、契約後もスムーズです。事前に材質を理解しているため、その後のクレームが激減したといいます。


最大の弱点をお役立ち情報にして提供する。こういったやり方もあります。

扱っている商品によって異なりますが、それで信頼を増すこともあるのです。

あなたの会社の商品にも「ここが最大の泣き所だよなぁ～」といった部分があるでしょう。こういった内容も、ぜひお役立ち情報のネタとして検討してみてください。

うまく作成できれば信頼度が増し、その上、その後のクレームが激減することもよくあるのです。

065

リモートワーク増加を機会に頻度の高いツールに投資を！

POINT

難易度 ★★★★☆
実用性 ★★★★☆
即効性 ★★★★★

一流のスポーツ選手が道具にこだわるように、**仕事ができる人も使うものにこだわります。**特によく使うものに投資をして仕事を快適にしているものです。

私は群馬県在住で、もともと群馬からリモートで仕事をする機会が多かったのですが、コロナ禍でリモートの割合はさらに高くなりました。そこでいろいろとツールを買い替えたのですが、その中でも「これは買ってよかった」というものを紹介します。

まずは、パソコンです。

リモートで仕事をするようになってから、画面が大きなパソコンに買い替えました。画面が大きくなると、２～３個のファイルやパワーポイントなどを同時に開くことができます。Ｚｏｏｍなどで話をしている際、「そのデータを共有しますね」と広げて話ができるため、会話がスムーズになるのです。

予算的に厳しければ買い替える必要はありません。私の知人は今使っているパソコンにモニターだけを買い足して使っています。大きなモニターを中古ショップで買うなら、１万〜２万円ほどでしょうか。これでしたら、低コストでパソコン環境を〝バージョンアップ〟できます。

もうひとつお勧めしたいのが、パソコン用のイスです。

今までは組み立て式の５千円のイスに座って仕事をしていました。それでも不自由はなかったのですが、知人に勧められ数万円のいいイスを購入したのです。座ってみて「何で今まで買わなかったのだろう……」と心から後悔するほど心地がいいのです。イスを変えたことで、長時間座っていても疲れにくくなりました。イスに座ったまま休憩できるのも大きなメリットです。パソコンデスクも昇降式のタイプに変え、座って仕事をするのはもちろん、立って仕事もできます。画面越しで話す場合、机の高さを上げて立って話をしたほうがいい場合に対応できるのです。

それほどお金を出さなくても、バージョンアップできることもあります。これはものすごくリターンがある行為です。**よく使う、身近なものに投資**をして仕事を快適にしましょう。

066

間違えた努力を絶対にしない理に適ったトップ営業の選択

POINT

難易度 ★★★☆☆
実用性 ★★★★☆
即効性 ★★★★☆

トップ営業スタッフは、様々な勉強をするなど努力をしています。

そうかといって、苦戦している営業スタッフがまったく努力をしていないかというと、そうではありません。ただ、その努力の内容が少しズレているのです。


ある交流会でのことです。

営業スタッフらしき男性Aさんと名刺交換をしました。すると、私の名前を読み上げて「いいお名前ですね」と褒めてくれます。名前を褒められるといい気分になります。相手との緊張感を解くためのアイスブレイクとしては最適です。

「なかなかやる人だな」という印象を持ちました。その後、Aさんは私の近くにいる別の人とも名刺交換をしていました。名刺を見て、フルネームで「○○さんですね」と言っていました。

フルネームで呼ばれた人は驚いた様子でした。その人の名前は珍しい名前で、簡単に読めるような苗字ではありません。相手の方は「よくわかりましたね。同じ名前の知り合いでもいらっしゃるのですか?」と感動していたのです。

不思議に思った私は「どうして難しい名前を読めたのですか?」と質問します。Aさんは「10年ほど前から、読みにくい名字と名前を調べていますから」と答えたのです。これは素晴らしい努力だと思いました。Aさんは外資系保険の営業スタッフで、全国トップレベルの成績をキープしているのも当然だなと思いました。

どんな人でも、初対面で名前を正確に読んでもらうと嬉しく感じます。特に変わった名字や名前は名刺交換するたびに「これ、なんてお読みするのですか?」と聞かれているわけですからなおさらです。

これこそ、**理に適った努力**なのです。

漢字検定や英語を学ぶのも悪いことではありません。ただ、名字や名前をスパッと読めたほうが実践的です。

トップ営業スタッフは、こういった理に適った努力をしているのです。

067

デキる営業の凄い自社商品愛
開発者同様の深い理解で商談

POINT

難易度 ★★★★☆
実用性 ★★☆☆☆
即効性 ★★☆☆☆

トップ営業スタッフは、理に適った努力をしています。

商品知識についても同じです。言うまでもなく、他の誰よりも深く理解しています。

ある新商品が出たときのことです。

本社から商品開発部の方が来て「この新商品は塗装の耐久性が格段に増しています。メンテナンス費用も安く抑えられますので、お客様に自信を持って提案してください」と自信満々に説明してきました。

この話を聞いたときは「これは結構いいんじゃないか、この商品を勧めれば売れるかもしれないぞ」と私もワクワクしたものです。しかし、お客様に対して教えてもらったセールストークをしたものの、たいして反応は良くありません。サンプルを見せながら説明したものの「へぇ、そうなんだ」と薄い対応です。「この程度の性能では今のお客様は見向きもしないのかぁ」とガッカリしたものでした。

一方、トップの成績を残している先輩は、その新商品を売りまくっていました。その強烈な結果の出し方を横目に「同じ商品を勧めているのにどうして？」と不思議に思っていたのです。

どうして同じ商品なのに、ここまで違いが出るのでしょうか？

この違いはズバリ、**〝理解度の深さ〟**です。

私は説明会で聞いてサラッと理解した程度でしたが、先輩はその後、商品について開発部の方にさらに説明を受けていました。とにかく、その商品にとことん惚れ込んでいたのです。**自分が心底惚れ込んで商品説明をするからこそ、お客様も良いものだと感じます。**

扱っている商品に対して思い入れが強い場合と弱い場合では、お客様に同じことを言っても伝わり方がぜんぜん違います。トップ営業スタッフは一般営業スタッフの何倍も深く理解しているのです。

あなたの会社の商品にも他社にはない点、自社だけのメリットがあるでしょう。そのメリットは、担当者や開発者が死に物狂いで作り上げたものです。その事実に関して徹底的に理解してください。完ぺきに惚れ込めば、説得力は自然に出るものです。

068

他社製品に詳しい営業こそがお客様第一主義で信頼できる

POINT

難易度 ★★★★☆
実用性 ★★★★☆
即効性 ★★★☆☆

ダメな営業スタッフは、的を外した営業をしてしまいます。
かつて、こんな失敗を私はしてしまいました。

商談をしていたお客様が、ライバル会社の商品について「A社のあの性能がいいんだ」といった話を始めます。どうやら、ライバル会社の商品を気に入ってしまったようです。お客様の気持ちを引き戻そうと、私はA社の商品の欠点、デメリットを調査してまとめた上で、お客様に必死に説明しました。

しかし、A社の商品のデメリットを指摘すればするほど、お客様は冷めていきます。そのプレゼン自体は聞いてもらえたものの、次のアポイントは取れなくなりました。結果、このお客様はA社の商品を選んだのです。

自分が気に入っている商品に対して悪口を言われれば、いい気持ちがしないのも当然です。どんなに正しいことを言ったとしても、お客様に嫌われたのでは意味がありません。結果を残す営業スタッフは他社の商品に対して悪口は言いません。逆効果になるからです。彼らは、**他社の営業スタッフより他社の商品について知っているものです。デメリットを知っていてもあえて言わず、ときには他社のメリットを正直に言う**ときもあります。だからこそ、信頼されるのです。

私自身も営業として結果を残せるようになってから、他社の商品のデメリットを指摘しなくなりました。デメリットを指摘するのではなく、他社の商品をキチンと調べて客観的に説明するようになったのです。

すると、お客様からの反応も１８０度変わります。他社のデメリットを指摘するより何倍も効果的です。お客様は私をプロとして見てくれるようになりました。

自社のメリットを説明する営業スタッフは多くいます。しかし、他社のメリットを正確に説明できる営業スタッフはほとんどいません。トップ営業スタッフはとにかく他社商品について勉強しており、他社の営業スタッフよりうまく説明できます。ですから、その道のプロとして重宝されるのです。

他社の商品をよく研究することで、自社商品がより深く理解できることがあります。

069

書いてあることは必要最小限で書いてないことをしっかり説明

POINT

難易度 ★★★★★
実用性 ★★★★☆
即効性 ★★★★☆

PR会社の方と商談をしたときのことです。

目の前に座った営業スタッフは、説明用のカタログを3～4冊広げます。そして「こちらは会社概要が載っている資料です。当社は○年に創業し……」と説明を始めます。

それだけで5分以上かけていました。その5分でも聞いているのがしんどかったのですが、その営業スタッフはそんな空気を察しません。当たり前のように「では、次ですが」と意気揚々と2冊目、3冊目とカタログの説明を続けました。

こんな話を10分も聞けばお腹はいっぱいです。キリの良いところで「次の予定がありますので」と席を立ちました。

見ればわかるような内容の説明を、延々と続ける営業スタッフの方がいます。このスタイルで結果を出している人はまずいないでしょう。ポイントを軽く説明するのでしたらまだいいのですが、ありきたりな内容を長々と聞かされるのは本当に苦痛です。

という私も、ずっと間違ったスタイルで営業をしていました。

お客様と長く話ができるチャンスをもらえれば「まずこちらが総合カタログになっていまして、すべての商品が載っているものです」と喜んで説明を始めます。つまらない話を聞かされたお客様は、さぞかし迷惑だったでしょう。

そんなことにまったく気づかない私は、そのままつまらない説明を続けます。結局、お客様に逃げられることとなるのです。

一方、トップ営業スタッフは、カタログの内容をそのまま説明するなどという愚行はしません。その代わりに、カタログには掲載されていない情報を伝えます。

「このオプションは操作が簡単と書いてありますが、実際は難しいんです」

「このカタログの数値は大げさなんですよ」

もちろん、すべての内容を否定するわけではありませんが、一部のデータや内容を否定しているのです。お客様は、営業スタッフからの決まりきった説明や売り込みトークに飽き飽きしています。

資料やカタログをそのまま説明するのではなく、**書かれていない情報、真実の情報を伝えて信頼を得ましょう。**

070

良い営業は勝てる数字を準備 お客様の選択肢を増やす工夫

POINT

難易度 ★★★☆☆
実用性 ★★★★☆
即効性 ★★★☆☆

お客様が商品を決める際、様々な視点から検討していきます。

- その会社が信頼できるか
- 商品が好きかどうか
- 価格は適当か
- 選べる種類が多いのか

様々な要素を加味して判断するのです。自社商品がすべての要素において他社よりズバ抜けて優れている、ということはありません。会社は大手で安心で、安くて自分好みに何度も選べる、といった商品であれば黙っていてもどんどん売れていきます。そうなれば、そもそも営業スタッフなど必要ありません。ネットなどで十分な契約が取れます。

あるお客様と商談していたときのことです。

数回目の商談をしている途中で、お客様から「大手の会社に決めた」というお断りの連絡があったのです。その理由が知りたくて、お客様に「どうして○○会社に決めたのでしょうか？」と質問します。すると、お客様は「菊原さんのところは選択できるオプションが少なくてね。その点○○さんは選べるオプションがたくさんあるからです。すいません」と話してくれたのです。

この件について先輩に相談すると「全部のオプションで勝負するんじゃなくて、うちが勝っているポイントで勝負したほうがよかった」とアドバイスをもらいました。

そこで扱っている商品の強みについて研究してみたところ、他社より勝っている点を見つけたのです。

その後、お客様に対して「外壁については２５０パターン、壁紙については１０００パターンからお選びいただけます」と伝えるようにしました。多くのオプションの中で、得意な部分に絞ってお客様に伝えたのです。それからは「選択肢が少ない」という理由で断られることはほとんどなくなりました。

トップ営業スタッフは、勝てる数字を活用し勝負しているのです。

071 デキる営業の情報収集能力オンタイムにオンサイト！

POINT
難易度 ★★★☆☆
実用性 ★★★★★
即効性 ★★★★☆

トップ営業スタッフというのは、お客様に役立つ情報をたくさん入手しています。それも、やっきになって探しているのかと思いきや、そうでもないようです。

先日、トップの営業スタッフとして長く活躍している方とお会いしました。「かなり勉強熱心なんだろう」と思っていましたが、その方はそうでもありませんでした。「朝が弱くて遅刻ギリギリになってから起きますし、夜になると晩酌したくなるので家ではまず勉強していない」とのこと。

ただし、よく聞いてみると、情報を集めていないわけではありません。「家を一歩出たときから、目に入るものすべてから営業に使えるヒントを探します」と言うのです。そのトップ営業スタッフは、家を出た瞬間からアンテナを立て、営業に役立つヒントがないか探すといいます。

・ネットのニュースが営業のヒントになるのでは？
・雑誌のデータがお客様との商談に使えるのでは？
・店員さんの接客に何かヒントはないか？

アンテナを立て、ありとあらゆるところへ注意を向けるのです。

物事からヒントを得られるかどうかは、意識しているか、意識していないかの差です。結果を出し続けている人は、日ごろから「何か営業活動に役立つヒントはないか？」と意識しています。


一方、成績の上がらない営業スタッフはどうでしょう？

目の前に置いてある資料でさえ気づきません。漫然と仕事をしているため、売れるヒントとなる貴重な話も右の耳から左の耳へと抜けていきます。

デキる営業スタッフを目指すなら、今日一日「営業活動に役立つ情報はないか？」と意識しながら活動してみてください。慣れないうちはメモ帳をポケットに入れてみるのもいい方法です。意識をするとたくさんのヒントに出会えますし、ときには「目の前のラックにこんな情報があったのか！」と驚くこともあるでしょう。

何よりモチベーションが上がり、充実した楽しい一日になります。

コラム⑤　最強の武器“営業レター”

営業レターって凄いです。この方法を知るまでは不特定多数のお客様にメールを送るか、当たって砕けろでアポなし訪問しかないと思っていました。この方法ならばお客様に嫌われずスッとアプローチできるよう気がします。

今の時代、アポなし訪問は非効率だし、テレアポをしてもまず電話に出てくれないからね。まあ、自分がお客様の立場だとして考えれば、知らない番号の電話なんてまず出ないよ。だから、営業レターは、受け取ってくれる、読んでくれるという点で、テレアポよりも効果的なんだよ。

確かに、いきなり訪問されたら引きますよね。この前､初めて営業レターをお客様に送ったんですけど、早速連絡ありました。来週、リモートで打合せをします。営業レターに人間的側面を織り交ぜて書いたので、私のことをよく知ってくれているのも嬉しいですね。うまくいく予感がします。

営業スタッフとしてトークを磨くのは大切なことだけれども、コロナ禍《か》で対面営業が難しいことを考えると、どうやって自分を知ってもらうかを工夫しないといけないからね。

その通りですね。“ 自分を知らない人に自分のことを知ってもらう ”には、営業レターは最高のツールだと思います。営業レターを勉強してお客様といい関係を築いていきます。

第6章

デキる営業の武器⑥

根回し
&
トラブルシューティング

072

仕事に対する自分の考え方を伝えておき根回しをしておく

POINT

難易度 ★★★☆☆
実用性 ★★★☆☆
即効性 ★★★☆☆

デキる営業スタッフは、トークやクロージングがうまいといったこともありますが、それ以上にその前の根回しが凄いのです。

お客様との商談に勝負を決めている、なんてこともよくあります。

ある会社の人事担当の人とお話をしたときのことです。

その方は、採用の基準について「書類提出の時点で80パーセントは採用が決まっているんですよ」と言っていました。エントリーシートに〝志望動機〟の欄があるのですが、本気で入社を考えている学生はメッセージが違います。本気の学生からの文章は、「体裁が整っていなかったとしても引き込まれていく」と言うのです。採用は、リアルだとしてもリモートだとしても面接が勝負だと思っていた私にとって、この事実は目からウロコでした。

しかし、考えてみるとそれほど不思議ではありません。

これは第5章で紹介した営業レターでお客様と関係を築いていくことに似ています。私は「信頼できる人間です」といったメッセージをお客様に伝え続けたことでお客様と信頼関係を構築していたのです。

人柄が伝わるようになると、お客様のほうから「もう少し話をしたいので」と声がかかるようになります。お客様から声がかかるだけでもありがたいことだったのですが、それ以上のメリットがありました。お客様から声がかかった商談は、高確率で契約になったということです。

営業レターで数回にわたりメッセージを送り、根回ししたことで、商談前から私のファンになって頂けました。ですから、商談やクロージングで多少のミスをしても、うまく話をまとめられたのです。

同じ商談をするにしても、「この人なら信頼できる」といった状態で話をするのと、「どこの馬の骨ともわからない」といった感じで話をするのでは、天と地ほどの差が出ます。

お客様と商談に入る前に、〝仕事に対する考え方やポリシー〟などを文章化して送るようにしてください。「会ったときに気合を入れて商談すればいい」では遅いのです。

事前に、しっかりと自分のことを伝えて根回しをしておきましょう。

073

ベテランでも手を抜かずに準備万端で商談に臨む姿勢

POINT

難易度 ★★★☆☆
実用性 ★★★★☆
即効性 ★★★☆☆

仕事をやっていて「あぁ、今回は失敗だった……」ということがあります。

その失敗の種類は2つに分類できます。

ひとつは〝できることをすべてやって失敗した〟というときです。

こんなときは、たとえ失敗しても後悔はさほどありません。これはいい経験として未来のために役立ちます。

後悔するのは〝7〜8割の準備で臨んで失敗した〟というときです。これは後味も悪く、なかなか忘れられない嫌な失敗です。

私が最も注意しているのは、〝7〜8割の準備でできるようになった〟ときです。準備自体は、繰り返しやっているため、多少甘くてもできてしまうものです。こんなときに必ず落とし穴が待っているのです。

これを、過去に何度も経験しました。

ＩＴ業界の方から講演を依頼されたときのことです。

初めて講演する業界だったため、いろいろと調べる必要がありました。ネットでその業界をサラッとは勉強しましたが、まったく理解が足りていません。ただ、いつも話している得意の講演ということもあり「まあ、業界が違っても何とかなるだろう」と軽い気持ちで臨んでしまったのです。

結果は散々です。

話した事例のほとんどが伝わらず、シラけた講演になってしまいました。やはり、100パーセントの準備が必要だったのです。

知り合いの釣り好きは、**「準備をしているときが一番楽しいんだよ」**とよく言っています。準備自体を楽しんでいるのです。そして、準備万端だと釣果《ちょうか》も良いそうです。

デキる人は手を抜かずしっかりと準備をしますし、しかも、その準備を楽しんでいます。

まずは、商談の準備を楽しみながらしましょう。

準備をしているうちに、〝お客様と商談をしたくてたまらない〟といった気持ちになれば、まずその商談はうまくいくものです。

074

お客様の質問はスルーしない疑問を残さず解決しておく

POINT

難易度 ★★★☆☆
実用性 ★★★★☆
即効性 ★★★☆☆

あるお客様と商談をしていたときのことです。

お客様が突然「A社の商品ってどうですか?」と質問をしてきました。特に気にせず「そうですね、いい部分もありますし悪い部分もあります」と軽く回答したのです。

こんな曖昧《あいまい》な答えでは、お客様は納得しません。

その後、お客様はA社に話を聞きに行ったのです。運が悪いことに、そこで力のある営業スタッフと出会ってしまい、結局、逆転負けです。

「どうしてあのとき、しっかりと違いを説明しなかったのか」と死ぬほど後悔したものです。この失敗商談で反省した私は、商談の終盤で必ずダメを押すようになりました。

決まるお客様こそ「では、ここで今までの要点を確認しますね」と言って、当社から得られるメリットを再度丁寧に確認します。この確認作業で「そうでしたね。忘れていました」と言ってきたお客様が多かったのです。

多くのお客様は、一度理解したことでもコロッと忘れてしまいます。「絶対にこの商品がいい」と決めていても、ネットの口コミを見て「やっぱりこっちも捨てがたい」と浮気心が芽生えるものです。

- そもそもなぜこの商品を購入しようと思ったのか
- 他社ではなく当社の商品を選ぶ理由
- 購入する上で最も重視すること

要所でポイントを確認し、ダメを押しておく必要があるのです。

今はリアルの対面の商談ではなく、リモートでの商談も増えています。リアル以上に丁寧なリマインド（再確認）が必要です。リモートでは画面越しのチェックとともに文字情報としてメールで送ることもできます。こういったきめ細かいダメ押しが大切になってくるのです。

トップ営業スタッフは「少し重複しすぎているかな」くらい丁寧にリマインドします。

だからこそ、取りこぼしがないのです。

チャンスのときこそ油断するのではなく、しっかりとダメを押すようにしましょう。

075

1人の仕事量には限界がある　上手に任せて仕事の総量アップ

POINT

難易度　★★★★☆
実用性　★★★★★
即効性　★★★☆☆

営業スタッフ時代、表彰式に出席したときのことです。

表彰式ですから、全国のトップクラスの営業スタッフが集結します。この表彰式は軽い旅行もセットになっていて、バスで観光地を回りました。

私の前に座っていた営業スタッフAさんは、ドライブインに着くのを待ち構えていたかのように、到着するやバスから飛び出していったのです。そして、出発ギリギリまでどこかへ連絡を取っています。

その様子を見て「こんなところまで来て仕事をしているんだから、相当売れている人なんだろうな」といった印象を受けました。

一方、私の隣に座っていた営業スタッフBさんはどこにも電話をせず、ゆったりと旅行を楽しんでいたのです。

そして、表彰式になりました。

ある部門でのチャンピオンとして呼ばれたのはBさんでした。壇上に上がり、堂々とスピーチをします。そして、Aさんは最後まで呼ばれることなく、表彰式が終わったのです。後から主催者の人に話を聞いたのですが、Bさんは仕事を早く終え、毎日早く帰るタイプだといいます。休日に出勤することは、まずありません。

一方のAさんは、毎日夜遅くまで残業し休日出勤もよくしていると言います。電話の様子を見ていると、その様子がなんとなく想像できます。

主催者の人いわく、Aさんは非常に能力が高いと言います。すべて自分でしないと気が済まない性格なため、仕事を抱え込んでしまうのです。能力が高すぎる人が陥りやすいパターンです。

一方のBさんは、仕事を人に任せるのが非常に上手だと言います。部下やスタッフをリスペクトしており、〝仕事を任せて責任はすべて自分がとる〟といったスタンスで仕事をしているのです。スタッフには気持ちよく協力してもらい、部下にも信頼されています。

長期間トップの成績を上げ続ける人は例外なく任せ上手です。

自分ですべて処理するのではなく、できる限り上手に人に任せるように心がけましょう。

076

自分の仲間を増やすことでお客様に利するようになる

POINT

難易度 ★★☆☆☆
実用性 ★★★★☆
即効性 ★★☆☆☆

営業スタッフは、お客様から契約を頂くために必死に行動します。

お客様と関係を構築するために、マメにメールを送ったり、役に立つ情報を送ったりして接触頻度を高めます。

しかし、社内のスタッフやパートナー会社の人に対してはどうでしょうか？「お客様には気を遣っているが、スタッフにはまるっきり何もしていない」という営業スタッフは多いものです。

トップ営業スタッフは違います。**お客様も大切にしますが、それ以上にスタッフを大切にします**。

トップ営業スタッフから「とにかくスタッフとコミュニケーションを取ることが大切」と聞いたことがありました。お客様に対して接触頻度を高めて自分の優先順位を高めてもらうことと同じように、社内スタッフなどにもコミュニケーションの頻度を多くしたほうがいいと言うのです。これは、リアルで顔を合わすのでもいいですし、ＳＮＳで頻繁に連絡を取り合うのでもいいでしょう。

私もやったことがありますが、効果は絶大です。頑固で気難しいスタッフでも、何度も話しかけたり、メールを頻繁に送ったりしているうちに、親近感を持ってもらえるようになりました。

スタッフからの優先順位が上がると、いいことがたくさんあります。

「彼からの物件だからキチンと見てあげよう」

「彼女からの依頼だから集中して資料作成しよう」

このようになれば、シメたものです。ミスも減り、お客様の満足度は上がります。

トップ営業スタッフは〝スタッフを味方につける〟ということを非常に大切な仕事と考えています。

その一方、一発花火のように一瞬売れてそれでおしまいの人は、そのことを軽視しています。気づけば周りには協力してくれる人が誰もいなくなってしまうのです。

長期的に活躍できるかどうかは、身近な人たちを味方につけられるかどうかです。

まずは、スタッフから好かれる営業スタッフになりましょう。

077

お願いばかりでは人は離れる　感謝の気持ちは相手に伝える

POINT

難易度　★★★★☆
実用性　★★★★★
即効性　★★★★☆

心理学に〝返報性の原理〟という心理作用があります。

これは、人から受けた好意などに対し、それと同等のお返しをしたいと感じる心理のことです。

例えば、友人から何かプレゼントをもらったら、「同じような金額のものを返したい」と思う気持ち、それが返報性の原理です。

一般に、〝もらいっぱなし〟というのはどこか心が落ち着かないものです。

この感覚がズレている営業スタッフは後で必ず痛い目に遭うことになります。

営業成績が芳《かんば》しくなかったころの私は、社内スタッフに次のように無理をお願いすることが多くありましした。

「急ぎで申し訳ありませんが、今日中に見積りを出してください。ぜひ、お願いします！」

必死に頼んだにもかかわらず、やってもらった後、スタッフにお礼もろくにしません。お礼メール一本も送らなかったのです。心の中では「いつもありがたい」と思っていたものの、それを伝えていませんでした。これでは、次も協力しようとは誰も思わなくなります。こうしてスタッフからそっぽを向かれるようになったのです。


トップ営業スタッフは、感謝をきちんとした形にして伝えます。

頼んだ後は、手厚くお礼をします。

以前、トップ営業スタッフの仕事を手伝ったことがあったのですが、わざわざ時間を取って足を運び「本当に助かったよ、ありがとう」と丁寧にお礼を言ってくれました。

その上、ランチまで御馳走してくれたのです。


人間関係は、アフターフォローで決まります。

根回しも大切ですが、それ以上に頼んだ後が大切なのです。

トップの営業スタッフは、常に**感謝を形に**して表しています。

心の中で思っているだけでなく、きちんとした形にして伝えてください。

078

クレーム処理は時間との勝負　二次災害を何としても回避

POINT

難易度　★★☆☆☆
実用性　★★★★☆
即効性　★★★★☆

どんなに有能な人でもミスは犯しますし、クレームも出てしまうものです。

しかし、結果を出し続けている人はクレームが出ても、二次災害を起こさないように心がけています。ダメージを最小限に食い止めているのです。

目の前のクレーム処理ばかりにとらわれすぎると、冷静な判断ができなくなります。そして、意外なところで足元をすくわれることになるのです。

一緒に働いていた先輩のことです。

先輩はお客様Aさんから大きなクレームに長期間、手を焼いていました。そんなときに限って、また新たなクレームが発生します。

ただ、その案件は幸い些細な要件で、しかも人のいいお客様Bさんです。Bさんの「それほど不自由していないから、○○さんの都合のいいときでいいから」という言葉に甘えて、２週間後にアポイントを取りました。

そして２週間後、Ｂさんの家に行く日の朝、クレームが長引いているＡさんから「今からすぐに来い」と連絡が入ったのです。

先輩は仕方がなく、Ｂさんに電話をして「すみません、急用が入りましてそちらには行けなくなりました。メンテナンスの者が行きますから、よろしくお願いします」と連絡をしていました。そして、Ａさんのところへ向かったのです。

Ｂさんに対して２週間も待たせた上に、自分は立ち会わずドタキャンです。人のいいＢさんでもさすがに怒ります。その後、Ｂさんとの件も大きなクレームになってしまい、八方塞《ふさ》がりになってしまったのです。

ここでの一番の問題は、Ｂさんのクレームを先延ばしにしたことです。もっと早く対応していれば何の問題もなかったでしょう。さらに、約束していたＢさんではなくＡさんの当日呼び出しを優先させたことです。

当日伺うとしても「２週間前からお約束しているお客様の修理に立ち会うことになっていまして、それが終わり次第全力で駆けつけます」と正直に話せばよかったのです。

クレームを抱えているとき、その問題を解決することに力を注ぐことはもちろん大切ですが、他のお客様をないがしろにしてはならないのです。

079

成績はチームで達成するもの
周囲との仲間意識を育む

POINT

難易度 ★★★★☆
実用性 ★★★★★
即効性 ★★★☆☆

ダメな営業スタッフのときの、一番の夢は「ある程度の成績を上げて、毎日早く家に帰りたい」というものでした。当時、契約が取れないことも辛かったのですが、それ以上に苦しかったのは、後ろめたさから付き合い残業をしなくてはならないことでした。

一昔前は〝ノルマを達成していない分際で上司より早く帰る〟なんてことは許されなかったのです。その後、営業レターなどの武器をうまく使い〝定時で帰るトップ営業スタッフ〟となりました。長年の夢が現実化した瞬間でもあります。

しかし、夢が叶ったと同時に、周りの人たちと摩擦を生むことになります。「ノルマも軽く達成しているし、仕事が終わったら堂々と定時に帰っていいだろう」と割り切って仕事をしていました。他の人の手伝いや雑用など目もくれません。成績が上がれば上がるほど、一匹狼のようになっていったのです。

そんな私を見て先輩が「売れ続けたいのだったら、周りとの協調性も考えたほうがいい」とアドバイスをしてくれます。孤立感を感じ始めたこともあり、私は仕事への考え方を少しずつ変えていきます。時間のあるときには他の営業スタッフの手伝いをするようになります。他の仕事に協力するようになってからは、徐々にメンバーとの関係も良くなっていったのです。

営業は結果の世界ですから、やることさえやっていれば文句は言われません。ただし、そのときに忘れてはならないのが、**自分の仕事だけではなく自分以外の仕事を手伝うということです**。

自分勝手な営業スタッフが一瞬売れることはあっても、売れ続けることはありません。好成績を残し続けているトップ営業スタッフは、孤立した一匹狼ではなく周りの仲間といい関係を保っているのです。

私の知っている一流の人たちは信頼を重視します。信頼がなければいくらお金を積んでも動いてはくれないのです。つまり〝お金より信頼〟ということになります。

これから長く活躍するためには〝信頼貯金〟が必要になってきます。成績だけでなく、この信頼貯金の残高も増やすようにしましょう。

080

基本情報を調べるだけでなく直前にSNSをチェックする

POINT
難易度 ★★☆☆☆
実用性 ★★★★☆
即効性 ★★★★★

以前トップ営業スタッフとお会いしたときのことです。

共通の知り合いの紹介で、実際に会うのは初めてでした。名刺交換をして挨拶すると、その方は「最近、菊原さんは兵庫や島根へお仕事で行っているのですね」と話し出します。

私が「よくご存じですね」と言うと「菊原さんのブログをチェックしていますから」と言ったのです。

その方は、私と会うと決まった日からずっとブログやＨＰをチェックしていたと言います。さすが、トップ営業スタッフだと感心しました。

一方、そうでない方もいらっしゃいます。

名刺を見ながら「菊原さんは基本的に何をしている人なんですか？」と〝あなたは何者なの？〟と言わんばかりの質問をしてくる人もいます。こう質問されると、あまりいい印象は受けません。ましてや、仕事をお願いしようなどとは思うはずもないのです。

私が受け持つ研修先の社長は「何をしている会社なのですか？」と聞いてくる営業スタッフは、聞いたその場でたたき出すと言います。その会社が何をしているかなどは、ネットで事前に調べれば簡単にわかることです。

また、最近はブログやＳＮＳをしている人も増えました。そういったサイトを３分も見れば状況がつかめるのです。

これはリモート営業でも同じです。Ｚｏｏｍで面談する前のほんのわずかな時間でもいいので、その方、その会社のことをネットで調べておきましょう。リモートの商談はリアルと比較して雑談タイムは少なくなりますが、それでも「最近は家で筋トレされているようですね」という一言で印象は変わるのです。

トップ営業スタッフは、必ず人と面談する前にはお客様のことをリサーチします。

「あなたは何屋さんですか？」や「何の会社？」などといった失礼な質問は決してしないのです。今は便利な時代ですから、スマホで検索すれば数秒で必要な情報が手に入ります。

そういった些細な根回しが、お客様や人との関係性を決めるのです。

お客様や誰かとお会いするときは、必ずチェックしてから臨みましょう。

081 最後の最後まで丁寧な対応をお客様は購入に慣れていない

POINT
難易度 ★★☆☆☆
実用性 ★★★★★
即効性 ★★★★★

お客様は、いろいろと検討している段階では「自分のペースでゆっくり考えたい」と思います。ただ、〝この会社と契約する〟と決めたらスムーズに進めたいとも思います。**あれこれ悩まず、一から順番にやることを手取り足取り教えてもらいたいものなのです。**

あるとき、私は金融商品の購入を考えていました。

提案してもらった商品を購入しようと、担当の営業スタッフAさんに「先日頂いた資料を検討し、購入しようと思いまして」と連絡したのです。これからの手続きについて伺うと、「同封の書類にハンコを押して返送してください」といった対応でした。

書類の記入を始めましたが、記入方法がわからないところが出てきます。「ハンコも何枚目まで押すのか？」「捨て印はするのか？」など、不明点がいくつも出てきたのです。担当に電話確認したかったのですが、運悪く週末にかかってしまい連絡がつきません。

週明けからは私の仕事が忙しくなったため、なんだかモチベーションが下がってしまい、結局購入は見送ることにしたのです。

もし、こちらに来てもらって一緒に手続きするか、電話で丁寧に手取り足取り指示をしてくれたら間違いなく購入していたでしょう。

それからしばらくして、他社で別の金融商品が気に入り、担当の営業スタッフBさんに「購入しようと思いまして」と連絡しました。

Bさんは「ありがとうございます。今からお伺いして書類を頂きにまいります」と言ってすぐに来てくれます。記入にあたっては、書くべき欄、押捺の欄などもその場で教えてもらい、非常にスムーズに手続きができたのです。

お客様は買うことに慣れていません。

営業サイドが「こんなの簡単だろう」と思っている書類の書き方やハンコなどがわからないのです。私のように、何人かに1人はこういったところで購入をやめる人もいます。

トップ営業スタッフは、こういったところで手を抜きません。

お客様が購入を決めたときこそ、一つひとつ丁寧に進めてください。

082

クレームの大部分は油断から良好な関係でも気を抜かない

POINT

難易度 ★★☆☆☆
実用性 ★★★★☆
即効性 ★★★☆☆

周りから見て、うらやましいほど上り調子の営業スタッフがいたとします。そのスタッフの勢いを一撃で止める方法があります。

それは、お客様からのクレームです。

契約も取れて、社内の評価も上々。何でもできそうだと思っていたときに、お客様からのキツ〜いクレーム一発で、一気に勢いを失ってしまいます。

まさに〝蜂の一撃〟です。

営業スタッフとして成績を残し続けるなら、結果を出し続けるためのクレームの処理法、もしくはクレームを軽減させるトラブルシューティングを身につけておきたいところです。

あるお客様とのやり取りで、こんなことがありました。

このお客様は歳も近かったため気が合い、いつも冗談を言いながら楽しく打合せをして、現場も順調に進んでいました。

しかし、ここに油断があったのです。

お客様から「この場所に収納をつけて欲しい」といった依頼をされていたことをすっかり忘れていたのです。

通常ならば、依頼を受けたその日に現場監督に変更図面を送り、電話で確認します。基本中の基本ですが、それを忘れてしまったのです。ずいぶんと現場の工事が進んでから監督に工事変更を伝えると「あぁ、それ一度壊さないとできないよ」と言います。

それをお客様に伝えると、さすがのお客様も怒ります。一度きれいに作った内装を壊して作り直すのですから。それからはミスを取り返そうと頑張りましたが、最後までいい関係に戻ることはなかったのです。

私は心のどこかで「このお客様なら多少ミスしても大丈夫」という気持ちの緩みがあったのは否定できません。こうなってしまって、心から後悔したのです。

お客様といい関係を構築したからといって、仕事で手を抜いてもいいという訳ではありません。

基本を軽視した途端、ミスやクレームが起こるもの。要注意です。

083

クレーム処理はスピード勝負 5分で解決するのが理想的

POINT

難易度 ★★★☆☆
実用性 ★★★★★
即効性 ★★★★☆

営業スタッフ時代のことです。

私はいろいろなパートナー会社の方とお付き合いをしていました。中でも、営業スタッフAさんはとにかく反応が早かったことを覚えています。依頼メールを送ってすぐに「菊原さん、依頼をいつもありがとうございます」と返信メールもしくはお礼の電話をしてくれます。すぐにレスポンスしてくれると私も安心ですし、こちらもお願いしたかいがあります。

一方、営業スタッフBさんはほぼノーレスポンスです。見積依頼をしても何の連絡もありせん。期限が近づき不安になって「3日前に依頼した見積りですがどうなっているでしょう?」と連絡すると、「今やっていますから大丈夫です」とやっと状況を教えてくれるといった感じです。

依頼を受けたらすぐにレスポンスする、これはできそうでできないことです。私はその後、Aさんを見習うようになりました。最も効果を感じたのはクレームのときです。お客様からメールでクレームが入った際も、「○○の件は承知いたしました。すぐに対応させていただきます」と直接電話で伝えるようにしたのです。私が意識していたクレームの対応方法を、3ステップで紹介します。

ステップ1：クレームの連絡が入ったら「承知いたしました」と受け取ったことをすぐに伝える。メールではなく直接伝える
ステップ2：上司に報告し〝今後どうやって解決していくか〟について話し合う
ステップ3：決まった対応方法について報告し日程を決める

この3ステップをできる限り短時間で行ってください。理想は5〜10分以内です。のんびり話し合っている時間はありません。1時間も2時間も待たせてしまい、お客様から催促されたのではクレームは間違いなく悪化します。上司と連絡がとれないときなども想定して、「店長がいない場合はメンテナンス部門と相談して話を進める」とルールを決めておくといいでしょう。

クレームは、〝スピードが勝負〟ということを忘れないようにしてください。

084

クレームの原因を素早く発見 お客様の不安の芽を摘み取る

POINT

難易度 ★★★★☆
実用性 ★★★★★
即効性 ★★★☆☆

担当していたお客様に、こんな方がいました。

ほとんどのお客様は家づくりが初めてですから、いろいろと不安になります。お客様から「近所への挨拶まわりはいつすればいいでしょうか?」と質問がありました。私は「タイミングになったら声をかけますから」と返事します。

すると「お金はどんなタイミングでお支払いすればいいのですか?」とお客様は重ねて尋ねてきます。私は「支払方法は、日程が近づいてからご説明します」と答えました。

これで問題ないと思っていたのです。

その後、些細なことでしたがクレームが発生します。

お客様は「菊原さんでは話にならないので上司を呼んでください」の一点張りです。順調に話が進んでいたと思われたお客様だったのですが、担当替えの出入り禁止にまでなってしまったのです。

そのときは「なんであんな些細なことで出入り禁止になるのか？」と理解できませんでした。しかし、今考えればよくわかります。お客様は不安から私に聞いているのに、私は親身になって回答しようともしませんでした。ものすごくストレスが溜まったでしょう。お客様の不安を解決せずに進めたことの当然の報いなのです。

トップ営業スタッフはお客様に「○○はどうしたらよいのでしょうか？」いうような質問をされません。質問される前に、お客様の不安を解消しているからです。お客様が不安になる部分や迷うところはほぼ決っています。その不安な点を先回りして、丁寧に説明しているのです。

聞かれてから答えるのか、前もって説明するのかによって、お客様からの信頼度は天と地ほども印象が違ってきます。

お客様は基本的に素人で商品について詳しくなく、不安を持っています。その不安をこちらから積極的に解消していく必要があります。まずは、**お客様が不安になりそうなことをリストアップしてください。お客様が不安に思うことを先回りして伝えることで、クレームは激減する**のです。

085

絆深める迅速なクレーム処理 お客様にも伝わる本気の取組

POINT

難易度 ★★★★☆
実用性 ★★★★★
即効性 ★★★☆☆

どんなにメンタルが強いスーパー営業スタッフでも「できればクレームは避けたい」と思っています。すでに述べたように、クレームは営業スタッフのパフォーマンスを下げる一番の原因になります。きめ細やかにフォローして、できる限りなくしたほうがいいに決まっています。

しかし、それでも起こってしまうのがクレームです。

起こってしまったら、落ち込んだりがっかりしたりするのではなく**「お客様との絆を強めるチャンス」と考える**といいのです。クレームを喜ぶのは不謹慎だと思うかもしれませんが、前向きに捉えるのはいいことです。そのほうが積極的に行動できるものです。

実際、クレームで関係が深まったお客様も少なくありません。

あるお客様との工事のときのことです。

上棟式のとき、近所への周知ができておらず、工事がストップするまでになりました。その上、近所の人たちから、「あの施主は非常識だ」と思われてしまったのです。これは大きなクレームになってしまいました。こうなってしまったら、腹をくくるしかありません。

私は翌日からご近所のお宅を一軒一軒謝罪して回ったのです。時間はかかりましたが、何とかご理解を頂きました。さらに、この一件でお客様は私のことをより信頼してくれるようになったのです。

このお客様とはその後もずっといい関係が続き、たくさんのお客様をご紹介頂きました。

ほとんどのお客様は「営業を困らせてやろう」などと思ってクレームを言ってくるわけではありません。本気でいい結果にしようと思っていますし、困っているからこそ「これどうなっているのですか！」と訴えてくるのです。

クレームはないに越したことはありません。

しかし、**起こってしまったらそれを真摯《しんし》に捉え、できる限り対応するのです。その気持ちは必ず伝わり、解決する前よりお客様と深い関係になります。**

前向きに行動あるのみです。

コラム⑥　クレーム対応の秘訣は逃げないこと

トラブルやクレームは怖いですね。クレームひとつですべてが台無しになるんですから。

営業にはクレームがつきものだから、処理方法を知っておく必要があるよ。くれぐれもクレームから逃げちゃダメだ。

思わず逃げたくなりそうですけど、そこはグッとこらえて立ち向かいたいと思います。

クレームをきっかけに信頼関係が構築できることもよくあるよ。今一番仲のいいお客様はクレームで関係が深まったんだから。

そうなんですね。また、これからは対面営業ではなくリモート営業の時代が来ますね。私はリモートのほうが得意なので、むしろ大歓迎です。

私はZoomとかもあまり得意じゃないから困っているんだよ。

Zoomは簡単ですよ。今度、一緒にやりましょう。

頼むよ。これからはZoomとかTeamsといったデジタルツールが使えないと話にならないからな。

営業ノウハウは先輩が先生ですが、デジタルツールは私が先生ですね。

そうなるね。今後はリアルの対面営業とデジタルのリモート営業の両刀使いの営業スタッフが活躍するね。お互いに頑張ろう！

第7章

デキる営業の武器⑦

リモート営業

086 コロナ禍で営業活動も大変化 対面とリモートの違いを理解

POINT
難易度 ★★☆☆☆
実用性 ★★☆☆☆
即効性 ★★☆☆☆

ほんの少し前までは「営業は足で稼げ」なんて言われていたものです。昭和の話ではなく、つい最近までそうでした。

しかし、コロナウイルスの影響によって状況は一転します。

今まで当たり前のように対面で行っていた営業活動ができなくなりました。伝統的に飛び込み営業で結果を出してきた古い体制の会社も、対面営業からリモート営業に変えざるを得なくなったのです。

コロナ禍の状況はしばらく続くでしょうし、コロナが終息したとしても以前のような生活に戻ることはないでしょう。

これからはお客様のところに行かず、ＺｏｏｍやＴｅａｍｓといったツールを使って営業で結果を出していく必要があります。

短期間でテレワーク、リモートで仕事をする機会が増えました。リモートでの面談や会議も増えており、ほとんどの会社でリモートを活用しています。

私は毎週大学で営業の授業をしているのですが、それも対面ではなくTeamsのリモートで授業をやっています。わずかな期間で時代が変わったのです。

リモート営業を行うようになって「嫌だった訪問をしなくて済むぞ」と喜ぶ営業スタッフがいる一方、「どうやって結果を出していいのか……」と困惑している人もいます。

また、今まで対面ではかなりの実績を上げていたが、リモート営業になった途端、ほとんど売れなくなった、という営業スタッフの方がたくさんいます。

これは、営業活動にとって、過去最大級の変革と言っても過言ではありません。

これまでの対面営業は、何だかんだ言っても、お客様に接触することができました。

〝アポなし訪問〟とか〝待ち伏せ〟という強引な方法もアリでした。

しかし、**リモート営業は相手に「この人と会う価値がある」と思ってもらわなければ、こちらがどうあがいても会うことすらできないのです。**

対面営業とリモート営業の一番の違いは〝**相手が承諾しないと絶対に接触できない**〟ということです。

まずは、この事実をしっかりと理解してください。

087

リモート営業主流の時代こそアナログツールを積極活用！

POINT

難易度 ★★★★☆
実用性 ★★★☆☆
即効性 ★★★☆☆

長い間、対面営業で結果を出してきた営業スタッフほど、リモート営業で苦戦しているものです。

リモート営業には、**リモート営業独自の結果を出すルールとノウハウがあります**。

そのひとつとしてお客様の〝ためになる〟情報を提供する〝営業レター〟をうまく活用してお客様にアプローチをすることです。SNS、メルマガ、メール、ブログ等も効果的ですが、こういうデジタルツールは飽和状態にあるので、差別化を図るには工夫が必要です。「このお客様はどうしても取りたい！」といった場合は、少しコストはかかりますが、あえて**アナログツールの手紙や郵便物などでお役立ち情報を送るのも効果的**です。

営業レターはお客様が受け取って役立つ内容を送ります。しかし通常、営業スタッフは早く結果を出したいと思い、反応を煽《あお》ってしまう内容を送りがちになります。資料請求や無料サンプル、特別キャンペーンの申込みはもう辟易《へきえき》しているのです。

こういった内容を送ると、お客様は「あぁ、また売込みね」と思うだけで、感謝はありません。これではせっかくの情報提供が逆効果になったりします。

そうではなく、お客様に対して本当の意味で役立つ情報を送ります。

・すでに購入した人からのアドバイス
・お得に購入するポイント
・商品の意外な使い方

こういう情報が、お客様にとってははるかにありがたいと思います。

あなたがお客様の立場だったとして、〝反応を煽ってくる内容を送ってくる人〟と〝本当の意味で役立つ内容を送ってくれる人〟のどちらを選びますか？

当然、後者の本当の意味で役立つ情報を送ってくれる人を選ぶはずです。

リモート営業で結果を出すためには、お客様から「この営業スタッフなら時間を取る価値がある」と思ってもらう必要があるのです。

088
初回のメールですべてが決まる細心の注意を払ってコンタクト

POINT

難易度 ★★★☆☆
実用性 ★★★★☆
即効性 ★★★★☆

対面営業では〝出会いの15秒で決まる〟と言われています。第一印象が悪ければ、そこから盛り返すのは至難の業であり、ほぼゲームオーバーです。

対面営業は出会いの15秒で決まりますが、ではリモート営業はいつ決まるのでしょうか？　それは**初めて接点を持ったとき、つまり〝初めてメールをもらったとき〟が非常に重要**なのです。

長年、連載をさせて頂いている出版社のことです。

お世話になっていたベテランの編集者が異動になり、新人の方に担当替えになりました。私はその方に挨拶のメールを送りましたが、３日経っても返信がありません。

そこで、再送すると「てっきり返信したものだと思っていましたが、うっかり忘れておりました」といった内容が返ってきました。

新しい担当者から頂いた最初のメールが〝言い訳メール〟だったのです。

これは印象が良くありません。

心理学の中に〝ハロー効果〟という現象があります。**ある特徴について良い印象を受けると、他のすべてに関して実際以上に高く評価してしまう**ことです。これはネガティブなことにも作用します。何か良くない印象を持つと、他のすべてを実際以上に低く評価してしまうのです。

この新しい担当編集者さんとは、１回目のメールで良くない印象を持ってしまったせいか、最後までうまく行きませんでした。


リモート営業では、いきなりＺｏｏｍで話をするということは考えにくいものです。メールで何度かやり取りをしてから、リモートで話をすることになります。その１回目のメールの対応で、その後どうなるかが決まるのです。

リアルの対面営業では第一印象が重要だったように、**リモート営業では1回目のメールの印象が大きく影響**します。

細心の注意を払って対応してください。

089

リモートは対面の倍の心遣い 顔が見えないからこそ丁寧に

POINT

難易度 ★★★☆☆
実用性 ★★★★★
即効性 ★★★★★

対面でのお客様との商談では、商談日に「では、こちらの資料をご覧ください」と言って資料を広げるのが普通でした。

例えば、10日に約束しているのでしたら、前日の9日の夜までに資料をまとめれば間に合ったのです。

しかし、リモート営業は異なります。

リモートで商談ならば、まず〝数日前に資料を送る〟といったこともあります。前もって目を通してもらうためです。当日になってから資料を画面上で共有することもありますが、相手が画面の小さいノートパソコンやスマホだったりするときもあります。これではこちらの言いたいことは伝わらないでしょうし、話になりません。こういう状況にならないためにも、前もって資料を送っておくのです。

また、一度送った資料も前日に「念のため送っておきます」と再送します。これも先ほど同じで、会社のパソコン以外でリモートをするケースも考えられます。再送しておかないと「すみません、会社のＰＣにはあるのですが」となってしまいます。

前もって送ることで、お客様がじっくりと目を通してくれます。場合によっては、リモート商談が始まってすぐに「だいたいこの線でいいので、契約を進めてください」なんてことも起こるのです。

また、対面営業ではリマインドも1回で問題ありません。前日に「明日の商談、よろしくお願いします」とメールをしておけば問題は十分です。

しかし、リモート営業ではいくつか手順が増えます。

まず、数日前に関係資料とともに日程、時間、ＺｏｏｍのルームアドレスもZ送ります。

さらに、Ｚｏｏｍ商談が始まる前に「14時15分からのルームのＵＲＬを再送しておきます」と再度送るのです。

実際にしてみると、相手から「気づかいができる人だ」という印象を持ったと伝えられました。面談する前から、この気づかいはかなりのプラスポイントだったのです。

リモート営業は、対面の2倍丁寧にリマインドする。

これが、いい結果を出すコツです。

090 短いリモート面談の持ち時間 時間を区切り効率的に進める

POINT
難易度 ★★★★☆
実用性 ★★★★☆
即効性 ★★★★☆

対面営業とリモート営業の大きな差は〝時間感覚の差〟と言えます。

対面営業の60分は比較的短く感じます。

特に話が面白い人であれば「あれ？　もう1時間も経ったのか」とあっという間に時間が過ぎてしまうこともあります。

リモート営業の場合、多くのお客様が画面越しに話をすることに慣れていません。対面の時間の半分くらいしか集中力がもたないのです。

例えば、アイスブレイクのための雑談は対面営業では5～10分しても苦になりませんが、リモートでは3分でさえ長く感じます。いきなりビジネスの話をするのはおススメしませんが、**リモート営業では雑談の時間は3分以内にとどめる**ようにしてください。

リモート営業だとしても、相手に貴重な時間をもらっているのは対面営業と同じです。**無駄な時間をできる限りカット**することを心がけましょう。

対面営業では「商談時間はだいたい1時間くらい」といった曖昧なケースがほとんどでした。

よく保険の営業スタッフが「5分だけ時間をください」とハードルの低いお願いをして、話が盛り上がりそうなら「もう少しよろしいですか？」と伸ばしていきます。5分のはずが30分、1時間と延長になることも珍しくありません。お客様が承諾すれば、その後も話し続けることができました。

しかし、リモートの商談は〝10時〜10時40分まで〟とスタートと終わりがはっきり決まっているケースが多くなります。予定を立てておかないと、後半になってから「ぜんぜん伝えたい内容が言えていない」となってしまいます。

そのためには〝1回の会話の長さ〟を短めにする意識を持って欲しいのです。説明に夢中になるあまり、3分も5分も話し続けてしまうのです。

多くのお客様は画面越しに話を聞き続けることに慣れていません。そのうちにだんだんと時間が伸びてくると思いますが、現時点では集中力が続く30〜40分がおススメです。

伝えるべきことを絞り込み、対面営業の半分の時間内で伝えるべきことをしっかり伝えるるように工夫しましょう。

091 リモートは時間管理で効率化スムーズな展開が成約を生む

POINT
難易度 ★★☆☆☆
実用性 ★★★★☆
即効性 ★★★★☆

対面営業では場を温めるため、雑談の時間を多めにとっても問題ありませんでした。しかし、リモート営業ではそれよりも「これから話す内容はあなたにとってメリットがあります」という本題から入ったほうが喜ばれるのです。

話がわかりやすい人は「結論が先で理由が後」という順番で話をします。これはコミュニケーションの基礎的なことでもあり、特に忙しいお客様と話をする際に効果を発揮します。

リモートでは「これから話すご提案は、御社のランニングコストを15パーセント削減できる方法です」と、まず本題を伝えてください。伝えることで、営業スタッフも話が逸《そ》れないようになるのです。

お客様に必要な資料を送る際、「ここところの部分だけ、ぜひお目を通しておいてください」と指示すれば、面談がスムースにいく確率は高くなります。

対面営業に比べて長い時間を集中しにくいリモート営業では、**できるだけ打合せの時間を節約する工夫も必要**なのです。

リモート営業の場合、これだけ準備しても十分な時間が確保できるわけではありません。**効率よく進めるため、あらかじめ約束の時間内でおさまるように話す内容をタイムスケジュールに落とし込んでおく**とよいでしょう。

例えば、

- アイスブレイク：2分
- プランの提案：10分
- 変更・ヒアリング：15分
- 次の課題の確認：5分

という感じです。相手がいることなので完璧には進められませんが、ある程度決まっていれば安心して話が進められます。

商談前にスケジュールを立てて、シミュレーションしてみてください。

092

あらゆるツールを徹底活用しお礼でお客様の心を揺さぶる

POINT

難易度 ★★★☆☆
実用性 ★★★★☆
即効性 ★★★★★

結果を出している人は〝営業の基本的なこと〟をしっかりと押さえています。それは、マナーだったり、名刺交換の方法だったり、お礼状の出し方だったりします。

私が、ある若い経営者の方から仕事のご依頼を受けたときのことです。

20代前半で起業して成功というエピソードに接して、「破天荒なだけにマナーはイマイチでは」という勝手なイメージがありました。さらに、起業は学生時代にしたとのことで、〝常識がないに違いない〟という先入観を持ってしまいました。

しかし、実際お会いするとその間違ったイメージは吹き飛びます。

ビジネスマナーもしっかりできており、普通の30代、40代の営業スタッフよりよっぽど常識があるのです。

この方との仕事が終わって帰る途中、ＳＮＳで「本日の研修、ありがとうございました」というお礼のメッセージが届きます。それを見て「さすが、気遣いができているな」

と感じました。家に帰ってメールを開くと、そこに「今日の研修を復習し、さっそく実行させて頂きます。ありがとうございました」というお礼メールが届いています。「2度もお礼をしてくれるなんて丁寧だ」とますます好感を持ちます。

これだけでも十分ですが、さらに2日後にアナログツールのお礼状まで届いたのです。

これには驚きました。好印象どころか、感動すら覚えたのです。

〝SNS↓メール↓ハガキ〟

と、3回のお礼が届きました。

これを実行している人は、なかなかいません。意外に思うかもしれませんが、多くの人たちは名刺交換をしてもお礼メールを送ってきません。それどころか、こちらがお礼メールを送っても返信をしてこない方もかなりいるのです。

そんな中、3回も丁寧にお礼してくれました。

こうしたマメさが相手に好印象を与えるのです。

「これだ」というお客様に出会ったら、SNS、メール、ハガキのお礼のトリプルアタックでいい〝ギャップ〟を与えましょう。

コスパもいいですし、効果絶大です。

093 画面オフのリモート営業では相手の写真をカメラ下に貼る

POINT
難易度 ★★★☆☆
実用性 ★★★★★
即効性 ★★★★★

営業スタッフNさんに個人コンサルをZoomでしていたときのことです。

Nさんの営業活動は、コロナの影響でほぼリモート営業が100パーセントにまでなり、それを踏まえた上でのコンサルティングでした。

Nさんが言うには、「リモート営業で商談をする際、画像をオフにしているお客様が多い」とのこと。Nさんに限らず、Zoomのやりとりで顔を出さない人は多いものです。

顔が見えないデメリットは、気持ちが乗りにくくなることです。相手のリアクションも見えないので、うまくコミュニケーションも取りにくくなります。

解決方法として提案したのが、パソコンのカメラ付近にお客様の顔写真を貼り付けるということです。そうすれば気持ちが入りますし、カメラ越しの目線もいい感じになります。

では、初対面でお客様の顔写真がなかったらどうすればいいのか？　その場合はネットでそのお客様に年代が近い人物の画像を検索します。画像で表示するのではなく、印刷してカメラ付近に貼るようにしてもらったのです。

Nさんはさらに工夫して「気持ちが入るように、印刷した画像の下にお客様の名前を書いて貼りますよ」と言っていました。それから1カ月後に「以前より断然気持ちが込められるようになって、結果が出るようになりました」という報告を頂きました。何もない画像を見て話をするより、イメージだとしても顔が見えたほうがリモート営業を行う上では効果的なのです。

リモート営業でのメリットのひとつとして〝対面よりお客様と目を合わせやすくなる〟ということがあります。

人見知りの人はお客様の目をしっかり見て話をする、というのはかなりハードルが高いものです。

その点、リモートのカメラでしたら見ることができます。

リアルで目をそらしながら話をするなら、リモートでしっかり目を見たほうが説得力は増すのです。

094 リモートで相手に伝えるには対面より2倍のアクションで

POINT
難易度 ★★★★★
実用性 ★★★★☆
即効性 ★★☆☆☆

対面営業ではお客様が話しやすいように、うなずいたり、相槌《あいづち》を打ったりするといいと言われています。例えばあなたが話をしているときに、目の前の人が無反応だったらどうでしょうか？　こちらが身振り手振りで一生懸命に話をしても相手は微動だにしません。相手がそんな態度なら、おそらく3分と話が続かなくなるでしょう。相手のリアクションがなければ、コミュニケーションは取れないのです。

リモート営業では、画面越しのコミュニケーションになります。

こちらが無反応では、相手はとても話しにくくなるのです。また、自分ではうなずいていると思っていても、相手に伝わっていないこともよくあります。画面の向こうの相手に自分の反応を伝えるコツは、うなずきを対面営業より大きくすることです。**イメージは「通常の2倍」くらいでちょうどいいのです。**

また、リモート商談でのやり取りを録画して、後でチェックするのもおススメです（許可を取ることを忘れずに）。

ほとんどのデジタルツールには録画機能がついています。後で内容を確認するときに便利なので、利用している人も多いでしょう。この際、商談内容だけでなく、自分の姿も同時にチェックして欲しいのです。

これは意外にハードルが高く、自分が話している姿を見たくないと言う人も少なくありません。

私も自分の話している姿を見て、立ち直れないくらいショックを受けたことがあります。そのときは辛かったものの、そのおかげで改善点がいくつも見つかりました。改善を繰り返した結果、今はずいぶんとマシになっています。

リモート営業ではうなずきを大きくするなどして、お客様が話しやすい雰囲気を伝えましょう。そのためにまずはリモート商談、リモートでのコミュニケーションを録画してチェックして欲しいのです。

これは、今後のリモート営業の大きな学びになります。

095 リモートも身だしなみが重要 隠れたルーズさも画面に映る

POINT

難易度 ★★☆☆☆
実用性 ★★★★☆
即効性 ★★★★☆

リモート営業では画面越しでのやりとりになるため、「身だしなみは、多少気を抜いてもいい」と考えている営業スタッフが少なくありません。

しかし、**画面越しとはいえ、外見は気を遣う必要がある**のです。

まず、リモート営業だからといってラフすぎる服装はおススメしません。男性の場合、ノータイでも襟《えり》のあるシャツを着るようにしてください。女性でしたら、ビジネスにふさわしいブラウスなどがよいでしょう。

中には、「下半身は映らないのだから、ジャージでいいだろう」という剛の者もいます。上半身はスーツでパリッと決まっているのに、下はフリース素材のパジャマではどことなく気合が入らなくなります。こういう**〝緩み〟が「なんとなく魅力がない」といった感じで相手に伝わってしまうのです。**

また、最近のパソコンやスマホのカメラは画素数も上がり性能も良いため、意外と細かい部分まで映ってしまいます。寝ぐせはもちろん映りますし、ヒゲの剃り残しまではっきりと映し出されます。清潔感はリモートでも伝わるのです。

以前、リモートで話をした男性の営業スタッフは〝見るからにさっき起きました〟といった風貌で登場しました。気取らない感じが好きな方もいるでしょうが、私はあまり好印象を持てなかったのです。

やはり、しっかりと身だしなみを整えている方のほうが、何倍も好感を持たれます。

男性でしたらしっかりヒゲを剃り、髪型を整えるようにしてください。服装も外に出て恥ずかしくない程度には着替えて欲しいのです。

女性でしたら画面上で映えるメイクを学びましょう。メイクに詳しい知人から話を聞いてもいいですし、今はネットで検索すれば動画で丁寧に説明してくれます。

リモート営業でもしっかりと身だしなみを整え、商談に臨んでください。お客様に好印象を与えられるのはもちろんのこと、自分にも気合が入ります。

096

リモートは映える外見を意識 背景もアピールするツール！

POINT
難易度 ★★☆☆☆
実用性 ★★★★☆
即効性 ★★★★★

リモートの商談でも対面営業と同様、見た目を整える必要があります。お客様にいい印象を与えるためにも、自分に気合を入れるためにもしっかりと準備してください。

ここではリモートで営業を成功させるために、さらにこだわって欲しいことを2つ紹介します。

まずはカメラと照明です。

カメラ映りを良くしようと思ったら、何と言っても光が大事です。自宅でノートパソコンを使う場合、移動して日光や照明が顔に当たる場所を探しておきましょう。逆光にならないよう商談前によく映る位置を探しておいてください。

私の知人女性はリモート映えを狙って、ライトを設置しています。部屋の照明だけでは足りないときに、光を足すために使っていると言います。さらには、パソコンのカメラ以外にも外部カメラを用意し、〝自分が一番良く見える角度〟に調整しています。実際Ｚｏｏｍでお話をする際、彼女だけが顔色や肌質が良く非常に魅力的に映っています。年齢も実際より最低でも10歳は若く見えるようです。営業トークうんぬんより、これだけで勝負が決まりそうです。

もうひとつは、背景です。

これもリモートの商談において非常に大切です。私は心理術についての本も執筆していますが、その中で〝クレショフ効果〟というものがあります。簡単に言うと〝何と一緒に写っているかでその人の印象が決まる〟というものです。例えば、リモートの商談の際に〝散らかった事務所〟が画面に映り込んでいたらどうでしょう？「この人は、キチンと管理できないのでは」といった良くない印象を持つものです。

専門家がテレビでコメントをしている場面を目にしますが、ほとんどは本棚をバックにしています。背景の本棚も専門家の価値を上げているのです。もちろん、センスのいいバーチャル背景でも構いません。

リモート営業で成功したいのでしたら、自分の映り方を工夫しましょう。

097

リモートは元気ハツラツで！声を出して心身リフレッシュ

POINT
難易度 ★★☆☆☆
実用性 ★★★★☆
即効性 ★★★★☆

会社に出勤せず、自宅で営業活動をする人も増えました。

自宅での営業活動は上司の目もなく、ネットやテレビなどの誘惑に負けそうです。ただ、**私はデメリットよりメリットのほうがたくさんあると考えています。**

まずは、通勤時間がなくなるということです。

通勤だと近くても往復で30分はかかりますし、人によっては1時間、2時間と時間を要することもあります。この時間を、しかも毎日、仕事時間として活用できるというメリットは大きいものです。

そして、**私が考える一番のメリットは仕事中〝いつでも声を出せる〟ということです。**

家族が近くにいると大声は出せませんが、会社よりは自由に出せると思います。声を出すと気持ちが高まりますし、何より、営業活動へのモチベーションが上がります。

スポーツをしている人ならばわかると思いますが、黙ってプレイしても面白くありません。「ファイト！」とか「やるぞ！」などと声を出すことで気持ちが盛り上がるのです。

1人で黙々と仕事をしていても、なかなか気持ちが高まってきません。そこで、営業でうまく行ったら「やったぞ！」と声を出して喜ぶのです。また、ちょっとした仕事が終わったら「よっし！　ひとつ終わったぞ」と声を出して軽くガッツポーズをします。

一見バカバカしく思われるかもしれませんが、想像以上に効果があります。

他にも、

「やったぞ！　アポイントが取れた」

「いい調子だ。今日は仕事が早いぞ」

「これはいいことが起こりそうだ」

など、心の中で思うだけでなく実際に声に出していくのです。

会社では大きな声を出したり、ガッツポーズをしたりは難しいものです。その点、自宅でしたらそれが可能になります。

リモート営業へのモチベーションを上げるために、意識的に声を出して自分を盛り上げてください。

098 リモートワークは運動を入れてモチベーションを高めキープ

POINT
難易度 ★★★★☆
実用性 ★★★★☆
即効性 ★★★★★

リモートの営業活動で、「モチベーションをどう維持するか？」というのは、とても重要な問題です。なぜなら仕事へのモチベーションが営業成績に直結してしまうからです。会社なら周りから刺激を受けるのですが、自宅ではそうもいきません。リモートワークだと、自ら仕事のモチベーションを高める必要があるのです。

私が効果的だと思うのは、**簡単な運動メニューを作っておく**ということです。モチベーションや精神状態というのは、体温や心拍数に比例していると言われています。気持ちが沈んでいるとき、強制的に体を動かせば嫌でも体温や心拍数は上がります。そうやって自動的にモチベーションを上げることができるのです。

運動をして、体温や心拍数が上がった状態では、「なんだか落ち込むなあ……」という気持ちにはなりにくくなります。これを、営業活動で応用します。

例えば、リモート営業で失敗し、お客様からきつく断られたとします。そこで背中を丸めて下を向きながら「はぁ〜」と深いため息をつき、しばらく悩んでいたらどうでしょうか？　ますます落ち込むことになってしまいます。そんなとき、「今の断りは結構きつかったから腹筋30回しよう」と体を動かすのです。

その他にも、

- スクワットを30回する
- 腕立て伏せを10回する
- その場で5回ジャンプする

などが効果的です。体が温まり、心拍数が上がるようなことなら何でもいいのです。ここで「よしっ、腹筋を30回やったぞ！」と声を出すのもいいでしょう。さらに運動の効果が倍増します。運動をしている間は頭の中が空っぽになりますし、終わった後は自動的に気分が晴れてモチベーションが上がっていくことを実感できます。

自宅でのリモート営業で気分が落ちてきたら、体を動かして心拍数を上げるようにしましょう。

099

あらゆることが高速化した時代 連絡あれば最速の方法で返事を

POINT

難易度 ★★★★☆
実用性 ★★★★☆
即効性 ★★★☆☆

情報化社会はスピード社会です。

ついさっき起こったことが、すぐにネット上に記事として登場します。スポーツの結果でも「この記事いつの間に書いたの？」と驚くほどの速さでアップされるのです。

これは、個人間のやり取りでも同じです。メッセージを送れば、その場で返事が返ってくることもありますし、数分で返信がくるのが当たり前になりました。

ほんの少し前まで〝仕事相手にメールを送って2日間返事を待つ〟なんてことはよくありました。気がつけば、そういったのんびりしたやり取りは少なくなったものです。いつの間にか、世間は格段にスピードアップしているのです。

私の仲間でごくわずかですが「ＳＮＳなんて使わないほうがいい」と頑《かたく》なに利用していない人がいます。そういった類の人たちはレスポンスが悪く、どうしてもやりとりがワンテンポもツーテンポも遅れます。ＳＮＳならメッセージはすぐにスマホに届くのですが、

ＳＮＳを使っていないため、メールなどでいちいち個別で連絡を取らなくてはならないからです。

だから、どうしても面倒になってしまい、何かをする際も「彼は今度でいいか」とスルーしてしまうようになります。ジワジワとコミュニケーションをとらなくなり疎遠になっていきます。仲間からいつの間にか外されていくのです。

プライベートの付き合いでは困るだけですが、ビジネスだったら恐怖でしかありません。いつの間にか自分に声がかからなくなり、気づけば仕事がなくなるのですから。

これからの時代はスローレスポンスの人は生き残れません。時代の流れは思っている以上に早いのです。

また、仕事上の決断でも「一度、社に戻って確認して連絡します」ということが普通でした。今はそんなことをしていればあっという間にライバルに奪い取られてしまいます。

知人の広告会社の営業スタッフの方は、最新ツール（ライン、メッセンジャー、チャットワークなどなど）を使いこなし、すぐに対応します。お客様からの問い合わせに、１分でレスポンスするのです。もちろん、ダントツの営業結果を出しています。

これからの時代、クイックレスポンスの人が勝ち残っていくのです。

100 デジタルツールの有効活用がリモート営業のリードに直結

POINT
難易度 ★★★★☆
実用性 ★★★★☆
即効性 ★★★★☆

デジタルツールの進化は日進月歩で、すさまじいものがあります。

デジタルツールが好きな人はどんどん取り入れ、苦手な人は使うのを避けます。こうしてどんどん格差が広がっていくのです。

デジタルツールを利用できる人と利用できない人との間にもたらされる格差をデジタル・ディバイドと言います。リモート営業で言うと、この差がそのまま売り上げの差となって現れます。

かつて対面営業は、トークが切れる人、人たらしの人、説明がうまい人などがいて、それぞれの得意分野を生かして結果を残していました。リモート営業でもこういった能力はあるに越したことはありません。

しかし、パソコンから聞こえる声が小さかったり、とぎれとぎれになったりしたらどうでしょうか？　せっかくの能力が伝わりません。持っている力を十分に発揮するためにもデジタルツールをうまく使いこなす技術が必要になってくるのです。

使いこなす技術と言っても何も難しいことはありません。デジタルツールおたくになるわけではないので、基本的な使い方だけわかれば十分です。**要は慣れの問題です**。まずは友達などで練習してみてください。

お客様によってはリモート商談にあまり慣れていないという場合もあります。相手のマイクが遠かったり部屋が暗かったりすることがよくあるのです。よく起こりそうなミスは素早く指摘できるようにしておきましょう。そういう準備もアピールポイントになります。お互いにストレスがない状態でのスタートを心掛けてください。

また、リモート営業をする前にデスクトップ上を整理しておいてください。リモート営業ではデータや画面を共有しながら話を進めます。その際、デスクトップがそのまま映ってしまうこともあるので注意が必要です。

もうひとつのアドバイスは、**雑音に注意するということです**。

今のマイクは高性能でいろいろな音を拾います。エアコンの音やタイピング音もバッチリと聞こえてきます。些細な音も拾いますので、十分に気をつけてください。

細かいところへの気配りが、あなたの評価も上げていくのです。

おわりに

武器を手にしたあなたは営業フィールドに飛び出すだけ

最後まで読んで頂きまして、ありがとうございました。心より感謝いたします。

この文章を読んでいるということは、この本を買って頂き、しかも最後まで読み切ったということですね。これは本当に素晴らしいことです。

多くの営業スタッフは「あぁ、今日もうまく行かなかった……」と嘆きながらも、何も対策を打ちません。そんな中、あなたは自分のお金でこの本を購入して、営業について230ページ以上も勉強したのです。まずは、そのことに自信を持ってください。

本書では随所で私のダメ営業スタッフ時代のエピソードを紹介させて頂きました。少し多すぎたでしょうか？　読んで頂いているあなたに自信を持って頂きたく、恥を忍んで公表させて頂いております。

ハッキリ言って、私は営業職に向いている人間ではありませんでした。それはもう本文から読み取って頂けていると思います。

- 人見知りで知らない人と打ち解けられない
- 度胸がなくアポなし訪問できない
- 電話営業も話が下手で伝わらない

などなど。何ひとつ営業で有利な要素は持っていなかったのです。経験を積んでも営業のスキルは向上せず、やればやるほどドツボにハマっていったのです。

そんな私が変われたのは、〝営業レター〟というひとつの武器を手にしたからです。戦士には剣、魔法使いには杖が合うように、その人にマッチした武器があります。私にとって営業レターは水を得た魚のように相性が良いものでした。

たったひとつの武器が、人を大きく変えるきっかけとなります。私の場合、お客様へのアプローチを訪問・電話で〝口頭で伝える〟といったスタイルから、〝文字情報で伝える〟といったスタイルに変えたことがすべての始まりだったのです。

得意分野をひとつ持つと、人は見える世界が変わっていきます。その後、私は接客、商談、クロージングを進化させました。たったひとつのことをきっかけに、私はトップ営業スタッフへの道を歩み始めたのです。といっても、突然うまく話ができるようになったわけでなく、人懐っこい性格に変わったわけでもないのです。トップ営業スタッフになってからも相変わらず、口下手、人見知りは変わりません。武器をうまく活用し、自分のままで結果を出したということです。

現在、セミナーや研修で多くの営業スタッフの方たちとお会いさせて頂いています。苦戦している方もいらっしゃいます。彼らの中には、私以上の才能を持っている方がたくさんいらっしゃいます。接客、フォロー、商談、クロージング、時間の使い方、習慣、考え方……。そのような方たちは、どこかにちょっとした弱点を持っているだけなのです。

そんな方たちがある日、ひとつの武器を手にしたことで弱点が克服され、一気に成績が上がることも当たり前のように起こります。コンサルタントになって15年、どん底からトップ営業に上り詰めた営業スタッフをたくさん見てきました。

幸い、今は変革の時です。訪問をして相手の顔を見ながら商品の受注を行う〝フィールドセールス〟が終わりを告げ、ツール（電話、メール、ビデオ会議システム）等を用いて顧客とのコミュニケーションを行う〝インサイドセールス〟に時代がシフトしていきます。

これは、チャンスです。

時代の分かれ目は、ヒーローの交代時期でもあります。営業はいいも悪いも結果を長期間貯金しておくことはできません。どんな凄いトップ営業スタッフでも、未来の契約成績はまだゼロです。いつでも、どこからでも逆転可能なところが営業のいいところでもあります。本書を手に取って頂いたあなたが、１００の武器の中のひとつでも実行し、それをきっかけにトップ営業スタッフになることを願います。

最後に、読者の方へ。

本を出すたびに毎回買って頂いたり、毎日ブログを読んで頂いたりと本当にありがとうございます。

最後の最後に、家族へ感謝の言葉で締めさせて頂きます。

いつも本当にありがとう。

営業コンサルタント・関東学園大学経済学部講師

菊原　智明

菊原智明（きくはら・ともあき）

営業サポート・コンサルティング株式会社代表取締役
関東学園大学経済学部講師／一般社団法人営業人材教育協会理事

群馬県高崎市生まれ。群馬大学工学部機械科卒業後トヨタホームに入社､営業の世界に入る。7年間、苦しい営業時代を過ごすが､お客様へのアプローチを訪問から営業レターに変えたことをきっかけに4年連続のトップ営業となる。約600名の営業トップとなり、社のMVPを獲得。2006年に独立、営業サポート・コンサルティング株式会社を設立。現在は、経営者や営業向けのセミナー、研修、コンサルティング業務を行っている。2010年より関東学園大学講師も務めている。主な著書に、『テレワーク・オンライン時代の営業術』（日本能率協会マネジメントセンター)､『訪問しなくても売れる！「営業レター」の教科書』（日本経済新聞出版)､『トップセールスが使いこなす！“基本にして最高の営業術”総まとめ 営業1年目の教科書』（大和書房)､『「稼げる営業マン」と「ダメ営業マン」の習慣』（明日香出版社）など2021年までに約70冊の本がある。ベストセラー、海外での翻訳も多数ある。

思考・行動・結果が劇的に変わる
営業力の基本

2021年5月19日　初版発行

著　者　菊原智明
発行者　野村直克
発行所　総合法令出版株式会社
〒103-0001 東京都中央区日本橋小伝馬町15-18
EDGE小伝馬町ビル9階
電話　03-5623-5121
印刷・製本　中央精版印刷株式会社

落丁・乱丁本はお取替えいたします。

ISBN 978-4-86280-795-3
総合法令出版ホームページ　http://www.horei.com/